JE CROIRAI TOUJOURS

CAMERON WOKI

JE CROIRAI TOUJOURS

AVEC LA COLLABORATION DE RÉMY FIÈRE

Michel LAFON

118, avenue Achille-Peretti – CS 70024
92521 Neuilly-sur-Seine Cedex

www.michel-lafon.com

Parce que le monde du rugby est l'univers
auquel j'appartiens, je dédie ce livre
à tous les clubs pour lesquels j'ai évolué et qui,
tous, à leur manière, m'ont fait grandir.
Bobigny, Massy, l'UBB et le Racing,
vous resterez à vie dans mon cœur.
Et plus encore, parce que vous aussi vous
m'avez apporté ce qu'un homme est en droit
d'attendre, je voudrais vous saluer, partenaires
d'un jour, d'une saison, d'une carrière…
Car vous m'avez offert le plus beau des cadeaux,
celui qui révèle le sens de l'amitié,
le goût du beau jeu,
la clé de la réussite
et surtout les vertus du collectif.

Celui qui parle beaucoup fait du tort aux autres. Mais celui qui parle peu est un sage.
Les paroles de celui qui agit bien sont aussi précieuses que l'argent le plus pur.

Proverbes 10:19-32

Prologue

Ne jamais perdre espoir, faire corps, continuer le combat, garder en soi cette motivation ultime pour aller jusqu'au bout. Ensemble, unis, soudés même, par une envie et une ambition communes. C'est l'essence même de ce sport, le rugby, que je pratique et qui, depuis que je l'ai découvert avant l'adolescence, occupe mon corps et mon esprit.

Le rugby n'est pas seulement une activité physique ou un mode de vie ; c'est avant tout une manière de voir les choses, presque une philosophie, qui propose de ne jamais rester seul, de former un groupe indéfectible, d'avancer ensemble jusqu'à atteindre les plus hauts sommets. C'est cet itinéraire-là que je me suis choisi, c'est la promesse que j'aimerais tenir.

Au moment où j'entreprends l'écriture de ce livre, je ne sais pas encore jusqu'où me mènera cette quête essentielle.

Nous avions un projet commun, avec le XV de France, guidé par cette « flèche du temps » qu'a souvent évoquée Fabien Galthié, notre sélectionneur depuis quatre ans. À ses côtés, entourés de son staff, nous, les trente-trois joueurs sélectionnés, n'avions qu'un but, celui de devenir les meilleurs rugbymen de la planète lors de la Coupe du monde disputée chez nous. Dans nos stades, devant des centaines de milliers de spectateurs et des millions de téléspectateurs cumulés qui nous soutiennent et nous encouragent.

Vouloir devenir les meilleurs du monde est une noble intention, y parvenir n'est jamais certain. Il ne s'agit pourtant pas de mourir les armes à la main, mais juste de ne rien lâcher. Jusqu'au moment fatidique lorsque, au terme des quatre-vingts minutes d'un match, l'arbitre siffle la fin de la rencontre. Jusqu'au moment où la victoire nous sourit, ou la défaite nous condamne. Quel que soit le résultat, il s'agira de ne rien regretter de tout ce que nous aurons vécu entre le 8 septembre 2023, notre premier match face aux All Blacks, et le 28 octobre, soir annoncé de la grande finale.

Les chants puissants, les *Marseillaise* entonnées, à Lyon, à Marseille, à Lille, à Paris… seront-ils suffisants pour nous aider à grimper sur le toit du monde ?

L'existence n'est qu'un cheminement dont chacun ignore la durée et l'issue… Même si je crois en une force supérieure qui me guide, je suis persuadé que rien n'est jamais écrit, et qu'il me reste encore de nombreuses pages à remplir.

Un homme peut s'égarer, mais celui qui garde la foi ne se perd jamais.

Cela suffit pour me réjouir de l'avenir qui m'attend.

1

Seconde peau

C'était un maillot Adidas, avec les trois bandes, la bleue, la blanche et la rouge, qui partaient depuis la manche et se rejoignaient dans le dos.

Je m'en souviens comme si c'était hier. Ma première tunique bleue alors qu'avec l'équipe des « moins de 17 ans » – les « Under 17 » ou « U17 », pour reprendre la terminologie anglaise désormais employée – j'allais disputer un match contre une sélection américaine à Marcoussis, le Centre national du rugby français.

Enfiler un maillot n'est jamais un moment anodin, même si la banalité du geste peut paraître absurde. Sa répétition scande une évolution, celle de l'homme et du sportif que je suis devenu. Enfiler un maillot confirme mon identité, dévoile mon cheminement, affirme mon sentiment. C'est probablement pour cela que je considère ce maillot U17 comme le plus beau que j'aie jamais porté.

Parce qu'il a été l'originel, la première preuve de ce que j'avais déjà accompli.

Il est toujours chez moi, rangé parmi quelques autres comme un inestimable trophée.

Oriflammes colorées, parenthèses plus ou moins enchantées, les maillots que j'ai déjà portés, comme ceux que je porterai encore alors que je n'ai que vingt-cinq ans, sont en effet devenus les balises de mon existence. Depuis cette tunique rouge, col en V, épaules striées de blanc et de noir, que l'on m'a donnée la première fois que j'ai participé à un entraînement à Bobigny, moi l'enfant de la cité de l'Abreuvoir, jusqu'à ce maillot bleu que j'arbore maintenant depuis quelques années, et qui a fait de moi un joueur international, je pourrais dévider ma vie.

J'ai dix ans tout juste. Suivant l'exemple de Marvin, mon frère aîné qui était revenu transformé par la découverte du rugby, j'avais voulu faire comme lui et m'étais rendu à un premier entraînement de notre club local. Sans aucun équipement, juste une vieille paire de crampons. Me voyant ainsi démuni, un bénévole de l'AC Bobigny m'avait offert un maillot, en me disant que je pourrais même le garder à l'issue de la séance…

Il était siglé « Force XV », une marque moins connue que d'autres, qui fournit plutôt les équipes des échelons inférieurs. Je l'ignorais. Il est devenu mon trésor, ma fierté, ma cotte de mailles. Et plus encore même, quelques saisons plus tard, lorsque nous allions disputer des rencontres à l'échelle du département. La Seine-Saint-Denis, au nord de Paris, où je suis né, où j'ai grandi avant de filer vers d'autres horizons, était devenue progressivement une terre de rugby, avec ses âpres combats, ses rencontres au couteau, ses enfants qui veulent devenir des hommes, ses déracinés qui revendiquent un incroyable attachement. Ici, on est de Drancy, de Pantin, de Bobigny, comme on est de Toulouse, de La Rochelle ou de Narbonne. Une question de suprématie et d'étendard à brandir pour montrer que sur un terrain nous pouvions aussi nous mesurer sans merci, mais jamais sans pitié.

Les rencontres terminées, je déposais comme les autres la tunique parfois déchirée de nos luttes fraternelles. Dans une panière sans âme.

Des maillots, il y en a eu bien d'autres ensuite, à Massy, à Bordeaux-Bègles ou, plus récemment, au Racing 92, dont les couleurs ciel et blanc légendaires rappellent à ceux qui nous suivent que le temps ne fait rien à l'affaire. Revêtir les couleurs, c'est être tributaire d'une histoire plus grande que nous, redevable, respectueux. C'est aussi sentir que l'on franchit des étapes. Ce qui a été mon cas.

C'est probablement pour cette raison qu'un maillot ne s'enfile pas comme une simple chemise, il recèle entre ses fibres l'odeur forte de la sueur, mais aussi le parfum du sacré, toujours plus puissant que celui de l'adoucissant qui parfois embaumait mon enfance. Au fil des années, les jours de matches, j'ai appris à retrouver le vêtement, posé dans les vestiaires, à la place qui m'était réservée. Je le prenais d'abord sans réelle émotion. Trop jeune, pas encore complètement persuadé que le rugby et ses vertus collectives allaient un jour bouleverser ma vie.

Un peu plus tard, alors que je jouais à Massy, club formateur de la région parisienne qui évolue quelques échelons en dessous de l'élite, je ne cédais pas non plus à la fascination de l'objet. Je préférais, au bleu et au noir qui en constituaient la trame, m'extasier devant la dotation annuelle que, chaque début de saison, le club nous distribuait. Le sac, les survêtements, les T-shirts, les shorts ou les chaussettes…

Aujourd'hui, j'ai pleinement pris conscience de ce qu'un maillot représente. Qu'il s'agisse de celui du club pour lequel je joue, ou surtout celui de la sélection nationale dont j'ai régulièrement fait partie depuis ma post-adolescence.

D'autres sont venus progressivement grossir la pile, le XV de France est devenu comme une seconde maison dont je sais que je ne suis ni propriétaire ni locataire. Juste un invité. Avec les Bleus, il est en tout cas un cérémonial que rien ne vient faire défaillir et qui, chaque fois, me donne des frissons. La veille de la rencontre, c'est la remise du maillot, l'officialisation d'une titularisation. Une façon d'entrer vraiment dans le combat, un moment de première communion ensemble. Avec les U20 déjà, la cérémonie – car c'en est une – était ponctuée de ces bons mots que les meneurs d'hommes savent trouver. Ceux de Sébastien Piqueronies, notre sélectionneur, avaient la portée de l'universel. C'est avec lui que je suis devenu champion du monde une première fois !

Nos vingt-trois numéros étaient appelés à tour de rôle par un membre du staff, ou par quelqu'un que ce même staff avait choisi.

Nous nous levions alors pour venir chercher l'emblème frappé du coq. L'instant possède les vertus que l'on prête à l'exception. Parfois l'émotion l'emporte, parfois une blague vient dérider les craintes du lendemain ou les tensions du jour.

La remise qui m'a le plus impressionné, c'était l'an dernier, à l'automne 2022, avant le match contre l'Australie que nous allions remporter de justesse, 30-29, au Stade de France, une semaine avant de battre également les Sud-Africains, champions du monde en titre. Ce jour-là, deux anciens internationaux, Virimi Vakatawa et Bernard Le Roux, avaient été conviés à la cérémonie, et ce sont eux qui nous ont transmis le précieux vêtement. « *J'ai passé presque dix ans avec ce maillot, j'ai passé des moments extraordinaires et je n'ai aucun regret. Ce que je veux vous dire, c'est donc de jouer pour n'avoir aucun regret, et de faire le maximum* », avait déclaré Bernard. « *Chaque fois que j'ai porté ce maillot, j'ai tout donné. Même si j'arrête aujourd'hui, je serai toujours derrière vous* », avait ajouté Virimi. Coéquipiers au Racing, le second venait d'être contraint de mettre un terme à sa carrière pour des problèmes cardiaques dont l'évolution n'avait pu être stoppée… Quant au premier, un très violent choc à la tête lors d'un match contre Lyon devait l'éloigner des terrains pour au moins six mois…

L'émotion flottait dans l'air, mélange de fulgurances passées et de futurs qui s'annonçaient moins enjoués : entendre ces deux joueurs qui avaient marqué notre sport de leur empreinte, « mouillé le maillot », comme on le dit parfois, m'avait profondément touché. À cet instant, je me souviens que la perception de ma propre chance a alors été décuplée.

Parfois, la séance est plus amusante, mais cela reste un moment de partage, un rite commun, qui n'empêche pas les rires ou les applaudissements. À Toulouse, contre le Japon, lors du dernier match de cette même tournée d'automne 2022, c'est Fabien Galthié, le sélectionneur du XV de France, qui nous a remis les tuniques. Quelques jours auparavant, il avait rencontré dans les couloirs William Iraguha, un de mes très bons amis, légèrement plus petit sous la toise – je mesure un mètre quatre-vingt-dix-sept, il doit péniblement atteindre le mètre soixante-quinze. Nous nous étions connus à Massy et William faisait désormais partie de l'équipe de France de rugby à VII… Au cours de nos derniers entraînements, ces mêmes joueurs de VII avaient été sollicités par notre staff pour faire l'opposition. En croisant Fabien, William lui avait alors raconté que, pour me faire une blague, il avait retourné mon lit dans la chambre que j'occupais. Pendant quelques jours, Fabien n'avait cessé de me rappeler l'anecdote, en se moquant ainsi : « Tu t'es fait retourner ton lit par un petit, tu ne lui fais même pas peur, tu te rends compte ? » Il me l'a évidemment rappelé en me remettant mon numéro 4. Tout le monde a bien rigolé, moi le premier.

*
* *

Le jour venu, une fois arrivé aux vestiaires, je n'enfile pas immédiatement mon maillot, je le pose sur mes épaules, je me mets à genoux et je prie. Je tiens ce rituel fort à la fois de mes parents, catholiques, et du catéchisme qu'enfant j'ai suivi avec une certaine assiduité. Au sein de notre famille, c'était une pratique quotidienne, avant les repas, comme au moment de se coucher. Je n'ai jamais cessé de m'adresser au Très-Haut, qu'il s'agisse de Lui demander de me donner le courage de me lever le lendemain ou, au moment du réveil, pour qu'Il intercède afin que la journée soit à la hauteur de mes espérances. Depuis que j'ai quinze ou seize ans, je le fais aussi avant chaque match que je dispute, m'adressant simplement au Seigneur pour qu'Il me donne un supplément de force mentale et d'énergie spirituelle.

Une fois ma supplique murmurée, je peux me permettre de revêtir le maillot. Le cou, les bras, l'ajustement dans le short. Je ne porte rien en dessous, ni T-shirt ni éléments de protection. Je n'ai jamais trop aimé. J'accepte tout juste, depuis quelques saisons, d'arborer un protège-dents, parce qu'une fois, à Massy, à l'issue d'un choc dont je n'avais pas immédiatement perçu la violence, l'une de mes incisives m'avait percé la lèvre supérieure.

Le contact du tissu avec ma peau vient lentement hérisser mes envies d'en découdre. Je ne deviens pas un autre, je suis celui que, sans le savoir, je rêvais d'être. Certes un numéro parmi quatorze autres, mais un numéro dont le rôle est précis au sein du pack. La conquête, les plaquages, les rucks, la touche sont mes devoirs perpétuels : jeune, je jouais troisième ligne, avec le numéro 7 dans le dos, puis j'ai changé de côté et suis devenu numéro 6 sous les ordres de Christophe Urios, à Bordeaux-Bègles. Sous ceux de Fabien Galthié, sélectionneur national, j'évolue désormais en deuxième ligne, et porte donc le numéro 4.

Si l'on me demandait d'expliquer à quoi correspond chacun de ces numéros, je dirais, de manière sommaire, qu'une équipe de rugby peut se diviser en deux. Sept joueurs que l'on nomme « arrières » protégés par huit « avants ».

Plus précisément encore, les avants se décomposent en trois lignes. La « première ligne », composée d'hommes forts et puissants, au centre de gravité un peu plus bas car ce sont eux qui vont assurer la solidité de notre mêlée, soit deux piliers, le droit et le gauche, et le talonneur. C'est le talonneur qui, dans les mêlées face au pack adverse, est chargé d'envoyer le ballon vers l'arrière, avec le talon donc. Ils portent logiquement les numéros 1, 2 et 3. Ensuite viennent les deuxième ligne, les 4 et 5. C'est le poste que j'occupe aujourd'hui. Grands, longilignes, ils sont très utiles lors des touches en atteignant, propulsés vers le ciel par des partenaires qui les soutiennent, des hauteurs insoupçonnées. En mêlée, ils viennent s'intercaler et se souder entre les piliers et le talonneur, chacun d'un côté.

Ils sont ensuite poussés à leur tour par les troisième ligne, les numéros 6, 7 et 8, qui eux aussi viennent cadenasser la mêlée et pousser avec les cinq de devant. C'est à ces postes-là que j'ai commencé à jouer, avant de monter en deuxième ligne.

Encore une fois tout cela est assez synthétique.

Les sept hommes qui composent les lignes arrière peuvent aussi être décomposés en trois parties. La charnière d'abord, les numéros 9 et 10, soit le demi de mêlée et le demi d'ouverture, les maîtres à jouer, les chefs d'orchestre, les dépositaires du jeu et de son rythme.

Derrière eux s'étend la ligne des trois-quarts, les 11, 12, 13 et 14. Quatre cavaliers voltigeurs, rapides, agiles et costauds en même temps. Deux jouent plutôt au centre, et les deux autres, les plus vifs souvent, aux ailes.

Enfin, le numéro 15 est le numéro de l'arrière, joueur d'une grande polyvalence, qui non seulement veille au grain derrière tout le monde, mais est aussi capable de s'intercaler entre les lignes pour apporter son soutien, ou des solutions différentes, notamment lors des phases d'attaque.

Il y a quelques années, on disait joliment que « les avants déménageaient les pianos alors que les arrières en jouaient ». Ce qui n'est plus tout à fait vrai : l'évolution du jeu a fait que, parmi les huit de devant, certains courent et passent désormais quasiment comme des arrières, tout comme certains trois-quarts ont des profils similaires à des troisième ligne en matière de puissance, de rudesse ou de capacité à briser les offensives adverses…

Les numéros successifs que j'ai portés au cours de ma carrière n'ont pas changé grand-chose à ce que l'on me demande de réaliser pour atteindre l'objectif qui régit notre raison de vivre : gagner le plus de matches possible, jusqu'à celui qui, un jour peut-être, nous apportera la récompense suprême en nous hissant sur le toit du monde. Nous en reparlerons.

Une fois le match terminé, j'ai toujours du mal à retirer ma seconde peau, étrange armure qui ne m'a pas toujours protégé. Ma transpiration a collé les fibres synthétiques, la fatigue souvent irradie mon corps et ralentit mes mouvements. La déception d'une défaite, ou l'excitation d'une victoire viennent ternir ou sublimer le retour aux vestiaires. Le retour sur terre.

Je m'assieds alors. Comme les autres. Car je ne suis pas tellement différent de mes partenaires. Comme eux, j'ai tenté de tenir mon rôle, de remplir ma mission.

Je crois toujours en moi, la vie peut continuer. Je sais que d'autres histoires vont bientôt débuter.

2

Au commencement était « Boboche »

Étrange sensation que de revenir sur ses propres traces ! C'était un après-midi ensoleillé de fin d'hiver. Ciel bleu, air froid, je venais de sortir de l'entraînement. Mon moral était au top. Quelques semaines auparavant, alors que le Racing – mon club – m'avait octroyé des vacances et que j'avais prévu de m'envoler vers Dubaï après un arrêt en Angleterre, j'avais été contraint d'annuler mon périple vers les Émirats. Trop de blessés dans notre pack, pas question de faire jouer des Espoirs pour un match face aux Harlequins de Londres qu'il fallait gagner si nous voulions conserver une chance de poursuivre notre parcours en Coupe d'Europe. J'avais dû rentrer précipitamment, la mort dans l'âme.

Le jour de la rencontre, que nous allions gagner de justesse face aux Anglais, après une action défensive, je me suis écroulé sur le synthétique à la suite d'un double plaquage. J'avais transmis le ballon, j'ai subi la sanction. La fausse pelouse a bien des avantages, mais pas celui d'être douce et accueillante : alors que je tentais de me protéger en tombant, les mains en avant, j'avais senti une violente douleur aux deux poignets. La valeur d'un homme ne se mesurant pas au degré de souffrance qu'il peut endurer, je n'avais rien dit, m'étais fait poser des bandes autour des poignets et avais terminé la rencontre avant de filer faire des radios. Le résultat a été édifiant : d'un côté, le scaphoïde, petit os de rien qui participe à l'articulation du pouce, était fracturé, de l'autre, j'avais subi un arrachement osseux. C'est ce qu'avait conclu le médecin.

Quelques jours plus tard devait être annoncée la liste des Bleus appelés pour le premier match du Tournoi des VI Nations 2023 face à l'Italie. Avant qu'elle ne soit dévoilée, j'avais envoyé un texto au staff de l'équipe de France pour dire qu'il ne faudrait pas compter sur moi. Un chirurgien m'attendait déjà, une broche à portée de main ; sa cicatrice n'allait pas tarder à lézarder mon poignet ; une attelle m'accompagnerait lors des premiers jours de mon rétablissement. Car, très vite heureusement, ça a été la reprise progressive de l'entraînement, sans ballon. De la musculation, du cardio, des courses, et pas mal de fatigue à l'issue de ces séances assez lourdes.

J'en sortais ce jour-là et, parce que je devais rendre visite à mes parents qui habitent désormais en Seine-et-Marne, à Mitry-Mory, j'avais décidé d'effectuer un retour vers le passé. J'avais donc pris la route de Bobigny. Au nord-est de Paris, de l'autre côté du périphérique, à « Boboche », comme nous le disions parfois, là où mes parents s'étaient installés après ma naissance. Ils habitaient jusqu'alors à Aubervilliers et mon arrivée, le 7 novembre 1998, deux ans après celle de Marvin, mon frère aîné, les avaient contraints à rechercher un appartement plus grand. Ils avaient déniché un logement à la cité de l'Abreuvoir. Nous habitions exactement 1, rue de Téhéran, 93000 Bobigny. Comme tous les enfants pour qui l'adresse est un premier marqueur social, parce qu'elle prouve une existence administrative, je crois que je me souviendrai éternellement du nom de cette rue.

Deux chambres, un salon, une cuisine.

C'est là que j'allais grandir jusqu'à mon entrée en sixième.

Une fois arrivé sur les terres de mon enfance, j'ai garé ma voiture, avant de déplier ma grande carcasse pour m'en extirper. Rien n'avait changé depuis que j'avais quitté la cité. Il faut toujours se méfier de l'image que renvoie le mot « cité ». Celle-ci n'avait rien de la réputation que les médias accolent trop vite aux quartiers rebelles et enfiévrés de banlieue, elle était calme et plutôt tranquille, à échelle humaine avec ses immeubles tout en courbes et peu élevés, ses petites tours orthogonales, ses espaces verts. J'ai aisément reconnu *Luxembourg*, *Pradier*, *Amsterdam*, *L'Europe*, noms que les architectes avaient donnés à chacune de leurs constructions en fonction de sa localisation.

Un peu plus loin, je distinguais toujours le petit espace commercial et ses magasins de proximité que j'avais tant fréquentés… Le Franprix avait cédé la place, le pharmacien venait de quitter ce monde et le quartier tout entier le regrettait déjà, le bar-tabac attendait une réouverture. Restaient toujours ces pelouses rases sur lesquelles nous jouions, cette tour aux murs verts où nous logions, au septième étage avec balcon, cette atmosphère de douce quiétude apparente et de convivialité partagée.

Une vague de souvenirs et d'émotions m'a soudain submergé, sont remontés les parties de foot sur l'herbe, les marchands de glaces qui passaient les soirs d'été, l'excitation qui s'emparait de nous, la course dans les étages pour demander quelques pièces à nos parents… Le rondin de ciment sur lequel je m'asseyais pour tuer le temps était toujours à sa place, je revoyais sans peine les « grands » qui nous envoyaient chercher des canettes et nous autorisaient à garder la monnaie, je pressentais même les retrouvailles avec mon père, vers 20 heures, qui, sans qu'il ne me dise rien, signifiaient la fin des jeux et le retour à la maison.

Mon père. C'est lui qui, le premier, est arrivé en France. Congolais, comme ma mère, il avait saisi une occasion, ou une chance, alors qu'il avait une trentaine d'années. Une fois parvenu en région parisienne, il avait commencé par de petits boulots avant de travailler dans des grandes surfaces, puis, au fil des années, de devenir responsable de rayon. Après avoir économisé assez d'argent pour offrir un billet d'avion à ma mère, elle avait pu le rejoindre. Maman avait ensuite trouvé du travail comme femme de ménage à l'hôtel Pullman tour Eiffel, dans le 15e arrondissement parisien.

À mes yeux, les deux pourraient illustrer le fameux antagonisme « du calme et de la tempête ». Mon père, homme posé, patient mais sévère dans l'éducation qu'il allait nous transmettre et qui nous a permis d'être ce que nous sommes aujourd'hui ; mon père, homme sage qui prend le temps de réfléchir avant de répondre, ou de décider. L'opposé presque de ma mère, plus impulsive, qui peut démarrer au quart de tour et s'énerver assez vite. Quand elle prend une décision, c'est ferme et ça ne bouge plus. Cela ne m'a pas aidé quand j'étais petit, parce que j'étais dans la négociation perpétuelle, alors qu'avec mon père j'avais l'impression que tout allait toujours…

Ma mère, qui avait donc trouvé un emploi de femme de chambre en plein Paris, commençait et finissait très tôt ses journées. C'est mon père qui le matin nous accompagnait, c'est elle qui nous récupérait à la sortie de l'école.

Je me souviens qu'entre elle et moi les tractations allaient bon train, tout était prétexte à discussions. Enfin surtout lorsqu'il s'agissait de sortir pour aller rejoindre mes copains, une fois mes devoirs expédiés. Tous les stratagèmes, je les ai utilisés, le meilleur étant celui du complice qui, à ma demande, venait sonner pour demander que je vienne jouer avec lui. Ma mère, comme toutes les mères sans doute, ne pouvait refuser. Je filais, jusqu'à ce que mon père revienne.

Je descendais en bas de l'immeuble, comme toujours, là où sans le savoir j'ai appris les bienfaits du mélange, peu importe qui nous étions et la couleur de notre peau, blancs, noirs, arabes, nous n'étions que des potes qui jouaient ensemble. J'ai connu la mixité avant de découvrir l'existence de ce mot… Les jeux, les parties de foot sans fin, les vannes et les rigolades ont formé le cocon de mon apprentissage humain.

Il y a eu l'école élémentaire aussi, évidemment, où mon père nous déposait le matin, à quelques minutes à peine de la maison. Édouard-Vaillant, ses briques rouges, ses salles de classe qui renfermaient un ennui dont je ne savais comment me dépêtrer. Le voulais-je d'ailleurs ? Dès que je le pouvais, je m'installais près de la fenêtre pour regarder la vie au-delà des murs, pour oublier de me concentrer – j'étais déjà peut-être attiré par autre chose.

Il y avait deux écoles dans mon quartier de Bobigny, une ancienne école de garçons et une ancienne école de filles désormais séparées par un petit muret de pierre. Pourquoi étais-je à Édouard-Vaillant et mes amis à Eugène-Varlin ? Je l'ignore mais je me souviens qu'aux récréations on se parlait entre les pierres du petit mur qui séparait les deux établissements, on rigolait, on s'échangeait des billes ou des cartes Pokémon, avant de remonter péniblement vers ces salles de classe dont nous ne comprenions pas vraiment l'utilité. Je n'étais pas un mauvais élève, j'avais sans doute des capacités que je n'entendais pas développer à outrance. Intelligent peut-être, influençable avant d'être influenceur, un peu plus tard, au collège. Pour l'heure, jusqu'à la fin du CM2, je me laissais flotter dans des rêves d'enfant, d'envies de liberté et de petits bonheurs simples.

Ma prime jeunesse a en effet été assez tranquille, sans que je me rende forcément compte des sacrifices que mes parents consentaient pour nous éduquer, Marvin et moi, puis Victorine, notre petite sœur née en 2002. Nous n'avons jamais manqué de rien, ni d'amour, bien sûr, ni de ces biens matériels que les enfants requièrent sans jamais imaginer ce qu'il en coûte. Une paire de baskets, un jeu vidéo, un vêtement de marque. Pour que nous obtenions ce que nous désirions, les privations rythmaient le quotidien de nos parents, et leurs ceintures se serraient avec la discrétion qui convient. Nous l'ignorions alors.

*

* *

Le temps passait, les souvenirs s'enfuyaient comme un vol d'oiseaux de passage. Je suis remonté dans ma voiture pour me rendre au club de rugby…

Sur la route, j'ai soudain eu un peu faim. Ou plutôt l'eau à la bouche, car remontaient des parfums mêlés de viande grillée, de frites grasses et de sauces aux couleurs éclatantes.

Dans ses choix gustatifs, chacun a ses références. À Bobigny, je n'oublierai jamais le *Palmier 2004*, kebab originel que je considère comme le meilleur du monde. C'est là, comme tant de jeunes de mon âge, que j'ai découvert les bienfaits de la nourriture que l'on prétend grecque, ou turque. J'ai depuis un faible pour ce que ces restaurants proposent. Lorsque je m'y rendais, comme lorsque je retourne encore chez l'un ou l'autre de ces spécialistes de la « gastronomie orientale », je prenais toujours un « mix », avec deux viandes différentes, en général du poulet mariné et de la viande à la broche, de l'agneau, souvent, qui a cuit doucement au feu du gril. Je demandais qu'on y ajoute un peu d'algerian barbecue et, à côté pour tremper mes frites, de la Biggy, mayonnaise légèrement sucrée et condimentée de cornichons…

C'est un péché mignon que j'avoue sans honte, n'en déplaise aux nutritionnistes et autres diététiciens qui aujourd'hui encore nous conseillent et dirigent notre alimentation. Il m'arrive souvent de replonger, après un match par exemple, comme si j'en avais un besoin viscéral. Je ne reviens pas forcément au *Palmier 2004*, ni à *La Perle* qui a recueilli un peu plus tard mes envies subites, avenue Jean-Lolive à Pantin, mais je suis ainsi fait. Il me faut ma dose de graisses. Bonnes, mauvaises, saturées ou pas, je m'en moque. Comme il me faut parfois déroger aux injonctions : j'aime aussi boire une bière une fois le match terminé, le corps lessivé et l'esprit vidé ; avant de m'endormir ou de me coucher, j'aime poursuivre par un bon burger. Et puis, parce que j'ai aussi besoin de cette nourriture avec laquelle j'ai grandi et que me concoctait ma mère, Ibrahim Diallo, mon partenaire du Racing, m'apporte parfois des petits plats africains que sa maman a cuisinés pour moi. Je repars avec mes Tupperware, je sais que je vais me régaler…

*

* *

Un terrain d'herbe un peu rêche, une tribune latérale sous laquelle se trouvent encore les vestiaires, les poteaux qui me semblaient monter si haut que je les imaginais caresser le firmament. C'est là que mon avenir s'est joué, ou plutôt là que tout a commencé. À l'AC Bobigny 93 Rugby.

Il faisait beau et chaud ce jour-là, je m'en souviens comme si c'était hier. C'était à 13 h 30, un mercredi. J'avais donc suivi Marvin, mon frère, qui m'avait convaincu en me disant qu'il aimait bien ça, qu'on lui demandait juste de courir avec un ballon sous le bras. J'ai subitement oublié le foot. Quinze ans plus tard, je pourrais presque parler de révélation.

J'ai regardé mon aîné qui se démenait entre les lignes, je voyais qu'il était heureux, je n'étais pas sûr qu'il comprenait alors tout ce qu'on lui demandait de faire – il me semblait même un peu perdu –, mais je pouvais lire sur son visage qu'il passait un bon moment. En rentrant, dans le bus, j'ai dit à ma mère que je voulais arrêter le foot, que moi aussi je voulais essayer le rugby. Elle m'a dit non, mais ma décision était prise : le mercredi suivant, j'étais de nouveau là.

Dès lors, je m'y suis rendu tous les mercredis, à pied, en traversant le petit centre commercial que les projets du « Grand Paris », cette métropole désormais monstrueuse dont une nouvelle ligne de métro semble avoir délimité les futures frontières, ont démoli ; partout dans le centre-ville, ce ne sont que nouveaux immeubles au modernisme revendiqué qui gomme le passé en prétextant que le futur sera meilleur. En découvrant le gigantisme des travaux, j'ai l'impression qu'une tranche de ma vie vient d'être détruite par une pelleteuse gargantuesque. Engloutie dans les délires d'expansionnisme urbain.

Même autour du terrain de rugby, de petits immeubles modernes ont éclos. Je me revois quand ils n'existaient pas encore. Dix ans à peine, jouant entre la ligne des 22 mètres et celle de l'en-but, les prémices, quelques sensations peut-être. Rien de plus.

J'y ressens en tout cas tout de suite une ambiance, une convivialité, des rires, une communion presque. Nous n'avions pas encore le droit de nous plaquer, il fallait juste essayer d'attraper son adversaire, de tirer son maillot pour l'empêcher de progresser, voire le faire tomber. Le tout d'une manière très ludique, comme dans une cour de récréation quand on joue à chat et qu'on essaie d'échapper à celui qui nous poursuit, à coups de petites feintes, d'évitements.

J'avais adoré.

Dès la semaine suivant mon inscription, je me liais d'amitié avec Raphaël, un garçon de mon âge qui devait sans doute faire partie d'une famille de rugbymen. Il m'a pris sous son aile, m'a mis à l'aise, m'a rassuré sur les clés de ce jeu malicieux en me disant qu'il allait m'aider à en comprendre les règles. La passe, toujours en arrière, le placement pour recevoir le ballon ou pour empêcher l'équipe adverse de progresser, le jeu au pied…

C'est aussi simple que cela, comme si, aimanté par ce sport dont j'ignorais tout, j'en devenais immédiatement un disciple. J'aimais les petits ateliers, les plateaux avec leurs exercices différents pour nous faire appréhender les premières subtilités du jeu, les matches triangulaires du samedi avec trois équipes sur des terrains raccourcis, le fait de jouer avec des filles, Séverine, Sylviane, Lindsey, avec qui nous partagions tout, sauf les vestiaires… C'est là que ma fidélité a vu le jour. C'était en 2008, j'avais dix ans !

*

* *

Une autre voiture s'est arrêtée sur le parking du stade, celle d'Henri Hamacek. Nous nous reconnaissons, il est toujours l'un des piliers de l'école de rugby. Il m'a vu naître pour ainsi dire, et me rappelle que, dès le début, on voyait que j'avais quelque chose en plus : ma taille – j'ai toujours été plus grand que ceux de mon âge –, mais peut-être aussi une façon d'être, de bouger, de courir, même si les fondamentaux du jeu me manquaient. « *Tu as continué depuis à être toi-même et à progresser*, m'a-t-il glissé. *Ce qui n'est pas si fréquent…* »

Je me souviens soudain de mes premiers coaches, ceux qui m'ont inoculé le goût si particulier de l'ovalie : Gabriel Lignières, qui a fait une jolie carrière et qui entretenait les premiers liens avec mes parents, les rassurant sur ce sport qui leur paraissait violent – « *Ne vous inquiétez pas, Cameron est en sécurité, il est en famille avec nous, il ne risque rien* » ; Joanna Sainlo, qui est désormais kiné de la Section paloise après avoir été internationale ; ou Quentin Witt, qui poursuit sa carrière à Montauban, en Pro D2… Chacun a fait de moi ce que je suis devenu.

Henri m'a ensuite ouvert les portes de la « Maison du rugby », le centre de formation du club. À l'intérieur de l'immense salle de réception, des coupes et des maillots encadrés, dont l'un des miens, que j'avais offert au club après l'un de mes premiers matches avec Bordeaux-Bègles. Chaque coupe, chaque tunique rappellent un instant de bonheur à celui qui a été l'un de mes formateurs : « *Tu te souviens de cet essai que tu avais marqué en partant de tes 22 mètres, lors d'une rencontre interdépartementale à Ris-Orangis ? Tu avais couru tout le long… Il y avait de nombreux recruteurs qui étaient là, certains allaient appeler tes parents, je crois ?* »

C'est effectivement à cette période-là que, doucement, j'ai commencé à y croire. L'intérêt que me portait le Stade français, l'un des deux grands clubs parisiens, ou les propositions que m'a aussi faites le club de Massy, qui évoluait alors en Fédérale 1, le troisième échelon national, tout cela me laissait croire que ma vie allait peut-être changer un jour. J'avais quatorze ans.

Je suis remonté dans ma voiture pour rendre visite à mes parents. Alors que je prenais la rue Anatole-France, l'artère principale du quartier où j'avais vécu, je me suis demandé ce que je serais devenu si le rugby n'avait pas transformé ma vie, si j'étais resté ici, comme certains qui n'avaient pas d'autre choix. Au fond de moi, je devais sans doute avoir soif d'autre chose, d'un ailleurs dont j'étais alors incapable de définir la forme.

Célébrer

À Bobigny, tout me rappelle aujourd'hui une vie d'insouciance. Comme Marvin, chaque dimanche matin, j'allais au catéchisme et à la messe, à la petite église Notre-Dame-du-Bon-Secours, dans une rue proche de la cité. Un porche de briques, quelques vitraux un peu fatigués, mais surtout une ambiance que l'enfance a sans doute exagérément démultipliée. Le catéchisme de 10 heures à 11 heures, et les prémices d'une foi à laquelle je me raccroche depuis, la messe ensuite, jusqu'à midi.

Le prêtre de la paroisse était d'origine africaine lui aussi, la chorale n'était composée que de femmes et d'hommes aux sourires joyeux, dont les psaumes entonnés semblaient claquer dans la pénombre fraîche comme une invitation à se rapprocher de quelque chose de plus grand que nous. Je n'étais pas sûr de tout comprendre, mais il me semblait alors fréquenter un endroit empreint d'une certaine magie que je ne pouvais expliquer et de mystères que j'aurais aimé dissiper.

Si je n'ai guère conservé en mémoire les prêches et les incantations du curé, j'ai en revanche, et parce que cela ressemblait sans doute à ces célébrations que l'on voit parfois dans les films américains, ou dans les concerts de gospel, gardé comme un précieux butin ces instants de grâce collective. Nous chantions, nous frappions dans nos mains, nous esquissions même quelques pas de danse, mince chorégraphie que nous adressions au Seigneur pour qu'Il nous entende.

M'entendait-Il alors ? Je ne saurais le dire. Je n'étais qu'un enfant qui ne faisait que suivre le chemin que lui désignaient ses parents, sans trop réfléchir. Mais lorsque j'y repense aujourd'hui, je me prends pourtant à douter. Et si, au-dessus de moi déjà, quelqu'un, un être suprême, un personnage divin, le Créateur de toutes choses, s'était penché sur mon cas et avait choisi de me guider, ou plutôt de m'accompagner, vers un avenir que nul n'aurait pu imaginer ?

Je n'ai évidemment pas de réponse, mais j'ai ma petite idée.

Mon seul regret, à une époque où j'adorais le football, était de ne pas pouvoir assister à une autre grand-messe dominicale, diffusée sur TF1 : je n'ai jamais regardé Téléfoot *en direct ! Heureusement, après le déjeuner, mon père nous permettait de regarder le programme phare du ballon rond.*

Je croirai toujours

Chaque dimanche, en effet, il programmait le lecteur DVD et enregistrait l'émission…

3

Petites turbulences

En attendant ces légers bouleversements que l'enfance impose à celui qui n'est pas encore tout à fait entré dans l'adolescence, malgré sa haute taille et ses envies, je vivais sans souci. Alors que je venais de faire ma rentrée en sixième au collège Jean-Pierre-Timbaud de Bobigny, où Marvin m'avait précédé et où je retrouvais tous mes amis, le soir même nous n'habitions plus « Boboche », mais Pantin, à une encablure à peine de Paris. Un appartement un peu plus grand sur une artère calme, la rue du Docteur-Pellat, où nous disposions enfin d'un espace pour Victorine, notre petite sœur qui, jusqu'à présent, dormait dans la chambre des parents. Marvin et moi allions continuer à vivre sous le même plafond. Seul changement notable : nos lits superposés avaient laissé la place à deux sommiers indépendants.

La surprise avait été totale. Pendant qu'avec notre mère, mon frère et ma sœur, nous étions partis au Congo pour les vacances, mon père, resté en France, avait tout manigancé. J'étais loin de l'imaginer tandis que, à Ngiri-Ngiri, commune au sud de Kinshasa, je faisais connaissance avec l'une de mes grands-mères – la mère de ma mère –, quelques oncles et tantes et de nombreux cousins qui tous m'appelaient « l'Européen », car Paris, car plus clair de peau, car peut-être un peu mieux vêtu…

Durant ces quelques semaines au pays de mes aïeux, j'ai pris en pleine face le choc émotionnel de celui qui constate avec étonnement que tout le monde ne vit pas comme lui. Les coupures d'électricité frappaient sans prévenir, les mamans marchaient un long moment pour aller au puits, des enfants vendaient pour quelques centimes des sacs en plastique remplis d'eau claire que nous buvions avec avidité, les voitures en fin de vie pétaradaient comme si elles subissaient leurs derniers instants, nous dormions entassés dans des maisons au confort sommaire… J'ai découvert, en un mois à peine, le pays de mes parents, et j'ai ressenti au plus profond de mon âme un début d'attachement, que je me suis promis de resserrer dès que je le pourrais. Même s'il ne semblait pas si évident de vivre à Ngiri-Ngiri.

C'est à notre retour que j'avais appris que nous n'habiterions plus la cité de l'Abreuvoir. Le lendemain en effet, j'effectuais ma rentrée au collège Lavoisier de Pantin, un moment difficile. S'éloigner de la cité était probablement un objectif louable pour mes parents, parce qu'ils savaient bien qu'en grandissant, et malgré le calme apparent de l'Abreuvoir, les risques augmentaient de voir leurs enfants suivre de mauvaises routes, mais je ne l'ai pas très bien vécu. Du moins les premiers jours. Je suis aujourd'hui conscient que cette décision était la bonne. Si, en plus de mes parents, je n'avais pas eu le rugby et ses éducateurs comme garde-fou, j'aurais peut-être basculé dans un trou sans fond. Cela aurait commencé par les mercredis de désœuvrement, à traîner avec les copains, à mener des petites guerres entre quartiers, entre cités, à écouter au pied des immeubles les aînés sans forcément comprendre comment et de quoi ils vivaient, à se persuader qu'il suffit de trafiquer pour que la vie soit belle et facile ; cela aurait continué avec les premières erreurs, voire les premiers délits : certains de mes amis d'enfance sont allés en prison, ont laissé leurs parents seuls. J'en connais aussi qui y ont laissé leur vie.

J'ai donc quitté « Boboche », brutalement orphelin de mes copains, n'y retournant que le mercredi pour le rugby, et je me suis soudain retrouvé proche de l'arrêt de métro Église de Pantin, juste derrière le périphérique qui ceinture la capitale. Je n'ai heureusement pas eu à me morfondre trop longtemps. Mes meilleurs amis aujourd'hui sont ceux de mes années « collège », de mes années « pires conneries » aussi.

Le collège. Haut lieu de quelques turpitudes comportementales et de nombreux dérapages pour un enfant que l'adolescence allait un peu malmener. Ou plutôt déstabiliser. Comme pour le punir d'avoir grandi sans prendre le temps de se poser : autant que je m'en souvienne, j'ai toujours été plus grand que les garçons de mon âge, et je n'ai jamais fait de poussée surprenante à l'adolescence. Jusqu'à atteindre tranquillement, vers dix-sept ou dix-huit ans, le mètre quatre-vingt-dix-sept qui est ma taille actuelle.

D'abord, j'ai fait plus ample connaissance, et assez rapidement, avec ces habitudes guerrières qui rythment et soudent les clans délimités par la géographie et la toponymie des quartiers. Nous étions de « L'Église », nos meilleurs ennemis étaient de « Hoche », la cité voisine. Tout était bon pour se castagner, j'ai vu voler des béquilles, tournoyer des battes et menacer des barres de fer… Je ne faisais pas partie des meneurs et ne contemplais le champ de bataille qu'avec un certain recul. Je n'ai ainsi jamais vraiment participé à des descentes vers Hoche, trop dangereuses à mon goût, mais lorsqu'ils venaient chez nous, comme les autres, je m'activais à les repousser.

Est-ce que j'aimais me battre ? Je ne crois pas, alors que Marvin, mon frère, était nettement plus bagarreur. Avec lui d'ailleurs, je ne craignais rien, il me protégeait. Au collège en revanche, mon comportement n'avait rien de scintillant. J'aimais parler, bavarder, ce qui ne plaît jamais aux enseignants, j'étais même parfois insolent. Seule l'injustice pouvait me faire perdre mes nerfs. Un jour où je n'avais rien fait, le CPE, le fameux « conseiller principal d'éducation », m'avait interpellé je ne sais pour quelle obscure raison et m'avait dit : « *Cameron, on va appeler tes parents et te virer du collège.* » Là, j'avais pété les plombs, non seulement parce que, après avoir convoqué ma mère, il m'avait détruit devant elle en me faisant passer pour un je-ne-sais-quoi, ensuite et surtout parce qu'il ne disait pas la vérité. Cette fois en tout cas ! La réunion chez le directeur terminée, alors que le CPE s'était éclipsé, je l'avais cherché partout pour lui dire ce que j'avais pensé de son attitude, tellement j'avais été outré par ses mensonges et sa suffisance d'adulte !

J'avais néanmoins été renvoyé quelques jours, et les mots de ma mère résonnent encore, douloureux et indélébiles : « *Cameron, tu nous as fait honte.* » Même si elle m'avait cru lorsque je lui avais dit que, cette fois-ci, j'étais innocent, elle n'avait apprécié ni la séance devant le directeur ni l'image désormais accolée à mon parcours scolaire, celle de l'enfant renvoyé de l'école !

J'y étais revenu une semaine plus tard, encore un peu énervé, mais un peu plus maître de moi parce que j'avais eu le temps de réfléchir. J'avais senti naître un espoir. J'avais continué à jouer au rugby à Bobigny, je m'y rendais tous les mercredis et tous les samedis – quelques stations de métro, un coup de 147, le bus qui me laissait près du stade –, jusqu'à ce que je commence à avoir une petite renommée régionale, et que quelques clubs s'intéressent à mon profil. Notamment le Rugby Club Massy Essonne.

Communier

Existe-t-il un mot, ou plutôt un verbe plus beau qui rapprocherait le monde religieux et le monde sportif ? C'est à l'église de Bobigny que je vais faire ma première communion. C'est là que, pour la première fois, je vais recevoir « le corps et le sang du Christ ». Communier, c'est partager, et c'est aussi franchir une porte. Sur quoi donne-t-elle ? Sur un chantier sans fin, car une vie de chrétien est un parcours long et délicat qui ne se termine sans doute que lorsque Dieu nous rappelle à Lui.

La communion est le premier rendez-vous marquant avec l'un des plus forts sacrements de l'Église catholique. Bien sûr, j'avais été baptisé, mais je n'en avais gardé comme seul souvenir qu'une petite médaille dorée. Bien sûr, un peu plus tard, j'ai fait ma confirmation où, oint de quelques gouttes d'huile sacrée et tel un apôtre du Christ, j'ai reçu le don de l'Esprit saint. Bien sûr, j'ai aussi réitéré ma promesse de baptême lors de ma communion solennelle, cette profession de foi qui fait de chaque chrétien un homme responsable de ses actes et de ses pensées.

Mais c'était moins fort. Alors que là…

Le jour venu, avec Marvin, nous avons revêtu l'aube blanche, puis nous sommes entrés dans l'église dans un silence d'une grande solennité. Le prêtre a ensuite consacré le pain, qui symbolise le corps du Christ. Je me souviens alors d'avoir été transporté par ce cérémonial, le regard fixé sur l'officiant, ses paroles si simples et si fortes – « Le corps du Christ » –, cette hostie consacrée qu'il a déposée dans le réceptacle creux de mes mains jointes, avant que je la porte à ma bouche. C'était la première fois, j'ai été étonné par la texture de ce bout de pain sans levain, et par son absence de goût. Sidéré en même temps par la force immense du symbole, par le bonheur d'appartenir à la communauté chrétienne, par la sensation intense de me rapprocher de Notre-Seigneur.

La croix de bois poli que m'a remise le curé à l'issue de l'eucharistie et qui pendait comme une médaille sur le devant de mon aube avait la valeur que seule l'enfance accorde à l'extraordinaire. Je ne suis pas mystique, je ne suis que chrétien. Mais cela fait désormais partie intégrante de ma culture, de mon éducation. Je remercie chaque soir le Seigneur pour la journée que je viens de passer, je Lui demande la force de continuer à m'accompagner. Avant chaque match, dans les vestiaires, avant même d'enfiler mon maillot, je prie. À genoux, je récite alors un « Notre Père », un « Je vous salue, Marie »… Je me sens prêt, je peux partir au combat. Sans oublier de faire le signe de croix juste avant de fouler la pelouse.

4

Hop, à Massy !

À treize ans, j'ai donc accepté de m'exiler un peu plus loin, à Massy, club de l'Essonne souvent présenté comme l'une des antichambres de l'élite. J'avais été repéré lors d'un tournoi départemental qui regroupait l'ensemble de la grande région parisienne où, au sein de l'équipe du 93, j'avais fait une jolie prestation, notamment en marquant un essai à l'issue d'une longue course, puisque j'étais parti de nos 22 mètres et avais traversé le terrain avant d'aplatir dans l'en-but adverse. Le dirigeant de Bobigny qui m'accompagnait avait compris que je ne resterais sans doute plus très longtemps au club. Et effectivement, Massy s'est manifesté et je soupçonne toujours Marvin, mon frère, d'avoir joué le « monsieur bons offices », pour me convaincre de le suivre : il y jouait depuis un an et nos parents voyaient d'un meilleur œil les deux frères aller bras dessus bras dessous aux entraînements du mercredi, et surtout en revenir ensemble, bien tard, à grands coups de RER !

Massy est un club formateur aux infrastructures solides et modernes, qui sait donner sa chance aux jeunes talents tout en accomplissant de jolis parcours en championnat, puisque à plusieurs reprises le club a atteint le Pro D2, la deuxième division du rugby français. C'est à Massy qu'ont été repérés des joueurs comme Mathieu Bastareaud, Grégory Lamboley, Yacouba Camara, Sekou Macalou, et c'est à Massy que, peut-être, un certain Cameron Woki réalisera des prouesses, ou tiendra des promesses qu'il n'entrevoyait pas encore tout à fait... En tout cas, c'était bel et bien là que l'on m'avait demandé de venir jouer.

Je craignais, en quittant mes copains de Bobigny, de ne pas me faire de nouveaux amis. Je me trompais lourdement, et certains de mes coéquipiers d'alors font aujourd'hui encore partie de mon premier cercle d'amitié, parce qu'ils m'ont aidé à m'intégrer dans un effectif au sein duquel je ne connaissais personne, que ce soit Yannis Dit Robaglia, pur enfant de la ville qui joue toujours au club, ou Massimo

Ortolan, aujourd'hui en Pro D2 à Vannes, dont les parents ont toujours été proches de moi…

C'était un premier pas, le second consistait à mettre un peu plus de volonté personnelle dans mes ambitions scolaires et à viser un « sport-étude », établissement où les meilleurs éléments sélectionnés ont la chance de pratiquer leur sport en même temps qu'ils poursuivent leur cursus… Je venais d'ailleurs, à la demande de mon père qui trouvait mes notes trop mauvaises, de redoubler ma quatrième pour avoir plus de chances d'intégrer une structure de ce type.

Dans mes désirs les plus secrets, j'aurais aimé me retrouver à Sceaux, à la fameuse cité scolaire Lakanal, établissement réputé du Sud parisien où se prépare notamment l'avenir rugbystique de l'Île-de-France, qui ne recherche que l'excellence et rêve de se rapprocher du plus haut niveau. Mais pour cela, il fallait quand même passer une série de tests. Je m'y étais préparé du mieux que je pouvais, m'étais rendu à Sceaux pour une première batterie de courts mini-matches, où ceux qui sortaient du lot étaient ensuite convoqués pour de nouveaux examens, jusqu'à ce que les meilleurs soient sélectionnés pour intégrer l'établissement. Mais au cours de ces premières oppositions, j'avais malencontreusement tapé dans la buse d'un arroseur automatique de la pelouse qui ne s'était pas renfoncé correctement dans le sol. Je m'étais ouvert le genou et avais dû me faire recoudre, je vois encore se démener l'aiguille qui a suturé ma plaie... Je ne le sentais pas, j'avais hésité à revenir, d'autant que la deuxième journée de tests se déroulait alors que je devais disputer avec Massy un important tournoi auquel participaient les jeunes pousses de Toulon, de Toulouse, du Stade français et de quelques autres grosses écuries nationales. Je savais qu'il y avait toujours des recruteurs en quête de futurs talents issus de la banlieue parisienne... J'ai choisi d'y aller, mais personne ne m'a recruté, et c'est ainsi que Lakanal est tombé à l'eau faute d'avoir participé à la deuxième session de tests. Je n'avais guère d'alternative, et me suis donc retrouvé dans un CREF, un centre régional d'entraînement et de formation, d'un niveau inférieur, à Brétigny. Le lieu ne m'était pourtant pas inconnu, Marvin m'y ayant une fois encore précédé un an plus tôt.

J'allais en tout cas passer là une bien belle année d'internat, en troisième, avec des footballeurs, des judokas, des sportifs de bon niveau et de disciplines différentes... Tout me plaisait, même les « bizutages », opérations ici plutôt bon enfant car sans brimades ni dangers. Une forme d'intégration que les « anciens », ceux qui étaient déjà passés par la case « lycée », faisaient subir aux nouveaux arrivants. Mon frère en était l'un des éléments clés, il m'avait prévenu, fini de jouer les saint-bernard pour le jeune gringalet : « *Cameron, je suis ton frère à la maison, mais pas ici. Les crasses, j'y participe, je ne te protégerai pas.* » Chahuts nocturnes monstres, bagarres intergénérationnelles qui se terminaient par des éclats de rire et quelques menues ecchymoses, lits mis à sac. Rien de bien méchant en tout cas ! Juste une manière d'accepter de se fondre dans un groupe. Les plus grands prenaient même les doubles de clés des surveillants qui ouvraient toutes les chambres pour venir nous faire subir leurs tests. Ils laissaient sur nos visages le sourire un peu jaune de ceux que l'on réveille alors qu'ils sont en plein rêve.

L'expérience a duré une année complète. Tout était prétexte à la rigolade, tous ensemble, tous sports confondus, sans retenue ni qu'en-dira-t-on. La semaine terminée, nous rentrions chez nous le vendredi soir, jouions nos matches le week-end et revenions le dimanche en fin de journée. Des horaires aménagés, des cours le matin, des entraînements l'après-midi, les chambres des filles le soir. Encore que, elles n'étaient pas au même étage que nous et leurs portes étaient munies d'alarmes particulièrement sonores !

Je sentais à ce moment-là que tout cela me faisait du bien, me calmait, je le voyais, sans le percevoir encore, comme un temps de maturation. Je n'étais pas encore totalement serein sur mon avenir, mais j'entrevoyais quand même une petite lumière. Une flammèche d'avenir. Car j'ai été convoqué pour une première sélection en équipe de France des U16. « La » sélection qui allait m'ouvrir l'année suivante les portes du lycée Lakanal, car c'était une autre condition pour intégrer l'établissement le plus réputé de la région. Je pense que j'avais été repéré avec la sélection Île-de-France, et les matches intersecteurs que nous avions disputés. La France était découpée en quatre et nous étions régulièrement amenés à jouer contre la région Sud-Est, contre celle du Sud-Ouest ou celle du Nord-Ouest… Depuis Bobigny, j'évoluais au poste de troisième ligne et c'est comme troisième ligne que j'ai donc été appelé pour disputer mon premier tournoi international au Wellington College, au sud-ouest de Londres, en Angleterre.

Lorsque j'y suis arrivé, je me suis aperçu que je connaissais déjà quelques joueurs, soit parce qu'ils étaient à Lakanal et que nous partagions parfois des entraînements avec eux, soit parce qu'ils jouaient à Massy avec moi. Je croisais également d'autres joueurs étrangers de ma génération, qui débarquaient d'un peu partout, et que je retrouverais plus tard, parce que finalement, en se rapprochant d'un sommet, et même si la pyramide n'est pas encore très haute, le parcours de chacun est identique, à de rares exceptions près.

Là encore, je passais une semaine entière à rigoler, dans un internat comme on peut l'imaginer – le poids de l'histoire, l'éducation à l'anglaise, les terrains de sport parfaitement entretenus, les chambres d'étudiants où flotte une odeur de bois, de tradition et d'amitié, l'ambiance le jour des matches, ma première *Marseillaise* chantée. Tout me grisait, même l'équipement que l'on nous a fourni. En U16 pourtant, on ne touche jamais l'équipement total, on n'a droit qu'à un seul élément, les chaussettes, le short ou le maillot frappés du coq, lequel confirme sans ostentation notre statut de petit représentant national. Alors que, de leur côté, nos adversaires anglais disposaient déjà de la dotation complète, la même que celle du XV de la Rose. Ils avaient même droit aux protéines liquides censées leur apporter un surplus de puissance et un surcroît de suffisance à notre endroit.

Cette fois, nous n'avions donc qu'un short pour justifier notre premier statut d'internationaux. Cela a suffi à me rendre le plus heureux des hommes de moins de seize ans. L'épreuve, qui durait une semaine entière, ressemblait à un mini-Tournoi des VI Nations, avec l'Angleterre, le pays de Galles, nous… De notre côté, nous avions aligné deux équipes, une « A », et une « B » dans laquelle j'avais été placé, à ma grande déception. Mais au sein de cette formation, et notamment face aux Anglais, nous avions remporté nos trois rencontres… J'avais encore marqué quelques points.

J'ai ensuite fait mon retour à Brétigny, et je crois que c'est à partir de cet instant que je me suis dit que ce ne serait sans doute pas désagréable de faire du rugby mon métier. Un autre déclic, un de plus. Le directeur du CREF, en revanche, s'était morfondu pendant mon absence et demandé où j'avais pu disparaître : personne ne l'avait prévenu de ma convocation…

Tout a donc commencé après ces premiers pas : une sélection a suffi à m'ouvrir des portes plus larges, celles de Lakanal. Mais deux ou trois questions me laminaient le cerveau : devais-je y aller, devais-je changer de lieu et me mettre en danger ? Je me sentais tellement bien à Brétigny, malgré les petits messages que l'on me faisait passer : « Cameron, on aimerait bien t'avoir avec nous », « Cameron, tu viens à Sceaux quand tu veux, tu verras, tu seras bien. » Petits messages qui passaient facilement : avec Brétigny, nous partagions régulièrement un entraînement avec Lakanal, pendant lequel je pouvais toucher du doigt leur niveau, largement supérieur au nôtre. Nous faisions en effet souvent face à des troisième année qui évoluaient déjà à des échelons supérieurs au mien. Qu'elles étaient dures, ces séances…

Pour ce qui est de mon parcours scolaire, mes notes relevaient la tête, mes résultats s'amélioraient, j'essayais de modifier mon comportement et pensais y parvenir. Si tout se passait bien, je devais pouvoir aller mûrir plus encore dans le Sud parisien. Mais en même temps, j'étais si heureux à Brétigny que mes hésitations cisaillaient mes désirs. C'est alors que mon père est intervenu : « *Tout ce que ta mère et moi avons fait, c'est pour cela. Tout ce que tu fais depuis quelque temps, c'est pour cela aussi. Ne gâche pas ta chance !* »

Était-ce l'inconnu qui m'inquiétait, la perte d'un certain confort toujours rassurant, ou la mise en danger que représente un nouveau départ avec, peut-être au bout, la désillusion et le sentiment d'échec ? Je ne sais pas, mais je me laissais convaincre.

J'allais laisser derrière moi une année fabuleuse que je n'oublierai sans doute jamais et quitter Brétigny la mort dans l'âme, mais la vie devant moi.

En intégrant Lakanal, j'ai été comme envoûté par l'endroit. Son charme d'antan, la puissance de son histoire, cette façon de concevoir l'éducation un peu « à l'ancienne », ses bâtiments à l'architecture admirable, pensée pour le bien-être de ceux qui viennent y étudier depuis la fin du XIXe siècle, son parc aux arbres centenaires, les installations sportives hors du temps et, bien sûr, ses nombreux élèves : mes yeux se sont ouverts en grand devant le grandiose de l'endroit. Le niveau supérieur était ici revendiqué, l'exigence, élevée au rang de devoir quotidien… Les cours, les tests physiques, le rugby, rien n'était laissé au hasard. J'arrivais en deuxième année, certains de mes amis venaient déjà d'y passer un an et m'ont prévenu : « *C'est quand même assez compliqué, tu vas voir.* »

Lakanal allait néanmoins me faire un bien fou. Pas dans l'immédiat, mais grâce notamment à deux entraîneurs, Sébastien Zamia et Romain Parbaile.

Apôtre et disciple

Marvin – mon frère, mon aîné, mon modèle – et moi toujours collé à ses basques, comme si, enfant, j'avais besoin de sa présence. C'est une chance qu'il ait toujours accepté que je sois entre ses pattes, sinon je ne sais pas ce que je serais devenu. À cette époque, avec l'innocence de l'enfance, j'avais presque le sentiment que nous étions comme des jumeaux, même s'il avait deux ans de plus que moi. Enfin, des faux jumeaux, car nous n'avions pas la même morphologie. Il me prenait pour un gringalet, lui qui a toujours été si fort et si costaud. Impressionnant même à mes yeux. Aujourd'hui, nous mesurons la même taille, mais question poids, il doit me rendre une quinzaine de kilos. Je suis autour de cent dix, il ne doit pas être loin des cent vingt-cinq !

Mais c'est bien en voulant faire comme lui que je me suis tourné vers le ballon ovale.

Le rugby avait un effet rassurant sur nos parents qui m'imaginaient entre de bonnes mains. Et cela a donc duré pendant presque dix ans. Bobigny, le CREF de Brétigny, le club de Massy. Comme si Marvin me montrait le chemin à suivre pour arriver au sommet de ce que j'espérais secrètement. Nous avons même passé une année ensemble, à jouer sous le même maillot, à Massy. Marvin et moi, à la même heure et sur le même terrain.

Marvin s'est ensuite construit une jolie carrière, en Pro D2 notamment, le deuxième échelon du rugby professionnel. Il a d'abord signé comme espoir au Stade français en 2016. Il y est resté deux ans avant de rejoindre Montauban, puis Tarbes jusqu'en 2020. Il a ensuite rejoint le Rouen Normandie Rugby, en Pro D2, puis Nice où il a joué une saison avant de revenir en région parisienne, au club de Suresnes.

Bien sûr au petit jeu des comparaisons, les gens ont beau dire que j'ai dépassé Marvin, je ne le vois pas ainsi. Il n'y a pas de compétition entre frères. Nous voulions jouer ensemble, nous ne le pouvons plus vraiment, mais nous nous accompagnons mutuellement. Le niveau importe peu, chacun est toujours là pour encourager et motiver l'autre. Si toutefois il en a besoin.

La vie n'est évidemment pas faite que de relations fraternelles, elle se construit aussi au fil de rencontres, dont certaines sont plus importantes que d'autres.

Outre mon frère, j'ai un ami que je considère comme aussi proche que l'est Marvin. C'est Matthieu Jalibert, mon double, presque, mon autre moi-même.

Nous nous sommes rencontrés assez jeunes, à dix-sept ans, lors d'une sélection nationale. Nous nous sommes trouvés comme si nous étions faits l'un pour l'autre, lui qui a passé son enfance en Nouvelle-Calédonie où son père était militaire, et moi le fils de parents congolais arrivés en France pour trouver une vie meilleure. Nous nous sommes surtout retrouvés lorsque j'ai signé à Bordeaux-Bègles où Matthieu jouait déjà.

Il m'est impossible de savoir pourquoi notre entente s'est produite comme une étincelle. Peut-être est-ce dû à notre façon de voir les choses, de sourire à la vie, de rigoler en dehors du terrain, de faire quelques conneries de jeunesse.

Ce que je sais en revanche, c'est que notre amitié durera ce que dure l'éternité, car nous sommes de la même famille, finalement. C'est pour cette raison que l'an dernier, lorsque j'ai décidé de quitter Bordeaux-Bègles pour rejoindre le Racing 92, j'ai pris soin de prévenir mon meilleur ami. Il ne m'en a pas voulu, même si nous sommes désormais adversaires en Top 14.

Depuis, et c'est un joli clin d'œil, non seulement nous nous sommes retrouvés dans les trente-trois joueurs appelés à disputer la Coupe du monde 2023, mais lors du match d'ouverture, contre la Nouvelle-Zélande au Stade de France, Matthieu, à la suite du forfait de Romain Ntamack, a été titularisé à l'ouverture et moi, peut-être aussi à cause de la blessure de Paul Willemse, je portais le numéro 4…

5

La brique de Lakanal

Le premier coach à Lakanal, Sébastien Zamia, était d'une tranquillité folle, très sympa, un vrai gentil, qui s'occupait surtout du physique et de la musculation ; le second, Romain Parbaile, était plutôt le chef suprême, le commandant d'une armée de jeunes hommes qui faisait régner sa loi. Il était à la fois chargé du développement du joueur sur le terrain, mais aussi le directeur du Pôle. Les deux formaient admirablement le célèbre tandem « du bon et du méchant », comme dans les comédies américaines ou les films policiers ! Je n'exagère pas, tout le monde aimait Sébastien, tout le monde craignait Romain. Lorsqu'on recevait par exemple un texto qui disait « Passe dans mon bureau », on commençait à trembler. Quand ce grand barbu, ancien avant aux oreilles en chou-fleur, se dressait devant nous, nous ne faisions guère les malins tant il était effrayant.

En fait, c'est ce qui allait me mettre plus encore sur les rails. À Lakanal, j'ai tout de suite compris le fonctionnement interne : pas de bonnes notes, pas d'entraînement ; un cours raté, même punition. Encore un « tilt » dans ma tête pour le fantasque fainéant que j'étais encore un peu. J'avais certes progressé dans ma façon d'envisager les choses, mais je n'étais pas encore prêt à tout donner.

J'allais m'en rendre compte lors d'une rencontre internationale qui devait permettre de dégager une ossature pour l'équipe de France U17. La détection n'était plus vraiment régionale, les sélectionneurs bâtissaient d'abord deux groupes, un du Nord et un du Sud, qui devaient ensuite, l'un comme l'autre, jouer contre l'Italie. À l'issue des deux rencontres se dégagerait une équipe de France.

M'étant un peu laissé aller, je n'avais pas flambé dans mes premières appréciations scolaires, à tel point que j'avais été convoqué par Romain qui m'avait alors dit : « *Cameron, à cause de tes notes et de ton comportement, tu ne feras pas la sélection pour l'équipe de France.* » Un précipice s'est soudain ouvert sous mes pieds, et une interrogation subite a tenté de combler le néant dans lequel j'étais prêt à tomber : *Mais qu'est-ce que je fous là, à me faire réprimander pour quelques vulgaires notes ? Pourquoi ne suis-je pas resté à Brétigny ?* Le choc a été particulièrement rude, mais ma réaction n'allait pas traîner. Plutôt que de me lamenter, plutôt que de me flageller, j'ai immédiatement changé de comportement. En classe notamment, mais aussi à l'entraînement où je pouvais certaines fois passer pour un dilettante, voire un endormi, surtout les matins où j'avais si souvent du mal à me mettre en route. La modification de mon attitude allait être immédiatement perçue, autant par mes professeurs que par mes coaches. L'information est remontée vers les sommets, et elle allait me sauver.

Car rien n'est jamais la faute des autres : ne pas réussir, c'est devoir ensuite ne s'en prendre qu'à soi-même. Je l'avais désormais intégré dans mon mode de fonctionnement. Au bout d'une semaine à peine, Romain m'avait convoqué dans son bureau. Je m'y étais rendu la peur au ventre, comme toujours, mais je n'avais aucune raison de trembler : « *Cameron, je te laisse un moyen de te rattraper, tu vas jouer avec l'équipe de France sud, où tu seras le seul mec du Nord* » – ce qui normalement était impossible. C'était la chance de ma vie, il me fallait la saisir. Je ne sais toujours pas comment Romain a pu convaincre les responsables du Sud d'intégrer dans leur sélection un petit gars de la banlieue parisienne, mais je me suis retrouvé à Sainte-Tulle, village discret des Alpes-de-Haute-Provence à la frontière du Vaucluse et des Bouches-du-Rhône. Là encore, je croisais quelques têtes connues, rencontrées notamment lors de mes premiers pas en sélection.

Nous avons passé une semaine ensemble et la vie de ce groupe allait me transcender et me transfigurer. J'ai rencontré là des garçons incroyables, Romain Ntamack, évidemment, devenu une star mondiale de notre sport, mais aussi Maxime Lamothe, qui joue aujourd'hui à Bordeaux-Bègles, Ugo Boniface, également à l'UBB, Lucas Tauzin qui, comme Romain, fait les beaux jours du Stade toulousain, Clément Laporte qui évolue à Pau… et je me suis surtout rendu compte que le rugby dit « du Sud » n'avait rien à voir avec celui du Nord. J'allais aussitôt mettre ce dernier entre parenthèses et tenter de devenir aussi « méridional » que mes nouveaux amis d'en bas. Un autre tempérament, une autre façon de parler, cet accent qui n'avait pas grand-chose en commun avec notre langage banlieusard, une autre façon de penser le rugby, de le vivre comme une fête, de le pratiquer comme une forme d'art, pas aussi brut que certains l'imaginent. Des sourires, des chambrages, de la gaieté, une forme de cohésion immédiate. Je me régalais ; nous pouvions bien disputer notre match sous une pluie battante, rien n'y faisait : sur un terrain à la limite du praticable, nous avions assez facilement disposé de nos adversaires italiens. De mon côté, je disputais toute la rencontre, au terme de laquelle je m'étais vu offrir le surnom de « la Bougie », à cause de ce grand corps mince qui s'élevait droit dans les airs lors des touches pour capter tous les ballons, ceux lancés par notre talonneur comme ceux de nos adversaires que je parvenais souvent à récupérer pour nous donner l'occasion de contre-attaquer et de les prendre de vitesse.

Je terminais la semaine sur un nuage de félicité, j'avais compris que je devais arrêter de ne rien faire à l'école, de ne pas écouter, de sécher les cours, je voulais me recentrer sur mes objectifs, je désirais de meilleures notes, j'entendais devenir un autre.

J'étais ensuite revenu à Lakanal en homme différent. Je n'avais rien dit évidemment, mais mon message n'avait rien de subliminal. Tout le monde s'en était aperçu, mes camarades de classe, mais aussi l'équipe pédagogique. Romain, notamment, n'a pu manquer de noter ces changements, qui ont porté leurs fruits. Une semaine après mon retour, lors de la traditionnelle réunion du lundi matin, il allait annoncer les élèves sélectionnés en équipe de France U17. J'en faisais partie, et Romain était sans doute à cet instant aussi heureux que moi. Je venais de lui montrer que l'on pouvait changer, que je le respectais et que j'avais su tenir compte de tout ce qu'il m'apportait.

D'ailleurs, mes parents lui voueront une éternelle admiration, car eux aussi pensent qu'il a chamboulé ma vie !

Je me suis donc retrouvé en équipe de France U17. Et je connaissais tout le monde, mes nouveaux potes du Sud et les amis du Nord. J'ai toujours été un élément rassembleur, celui qui servait à tisser du lien. Nous sommes partis tous ensemble pour une belle tournée avec l'équipe de France, qui s'est déroulée à merveille. À Lakanal, j'ai ensuite fini mon année sans souci ; à Massy, où je jouais le week-end avec l'équipe réserve, ça se passait bien aussi. En fin d'année scolaire, j'ai donc reçu la confirmation que je pouvais rester à Sceaux, pour y effectuer ma première, en même temps que ma dernière année : amusante collision parce que, ici, le parcours dure trois ans, de la troisième à la première, mais comme j'étais arrivé en seconde, après mon année à Brétigny, il ne me restait qu'une année scolaire.

Elle allait très bien se passer que ce soit en termes de résultats que côté rugby. Rien de notable si ce n'est le rebondissant et retentissant épisode dit de « la brique de lait ».

Des travaux étaient effectués dans le lycée, des échafaudages avaient été dressés pour refaire les façades lorsque, un jour, une pauvre brique de lait s'est échappée d'une fenêtre pour tomber sur un ouvrier en train de travailler. Plus de peur que de mal, il n'y avait pas mort d'homme ! L'affaire était arrivée aux oreilles de Romain, car tout le monde avait compris que le petit pack de carton était tombé de l'étage réservé aux rugbymen. Nous avons été convoqués, façon militaire, et Romain a décrété que tant que le coupable ne se serait pas dénoncé, nous viendrions tous les matins à 6 heures pour marcher le long de la piste d'athlétisme. Comme les détenus en prison lors de leur promenade quotidienne ! Pendant un mois, sous le regard de Romain, prisonniers malgré nous, sans pouvoir parler à cause d'une maudite brique de lait, nous avons tourné en rond…

Entre nous, nous nous interrogions pour essayer de savoir qui avait pu commettre un tel forfait, mais il fallait se rendre à l'évidence, le litre de lait avait sans doute chuté sans que personne n'en soit responsable. À ceux qui s'étonneraient qu'une brique puisse tomber d'une fenêtre étudiante, il faut rappeler qu'il s'agit souvent du seul moyen de conserver au frais des aliments périssables.

La punition a finalement cessé, sans qu'aucun coupable ne se soit jamais désigné. Le sens du collectif, toujours !

À part ça, rien de véritablement notable, tout se passait bien, je me sentais de mieux en mieux au lycée. Et je jouais désormais avec l'équipe de France U18.

Nous sommes partis disputer le Championnat d'Europe au Portugal. Comme à l'habitude, tout s'est déroulé sans anicroche, nous avons affronté la Géorgie en finale, nous sommes devenus champions sans coup férir. J'avais un premier titre en poche, j'en envisageais d'autres…

Je parlerais volontiers d'année plutôt classique, plutôt calme, et pas encore professionnelle dans le vrai sens du terme.

*
* *

Je n'avais pour vivre au quotidien que les 50 euros mensuels que m'allouaient encore mes parents… En général, je les retirais rapidement en début de mois avec ma carte de retrait, qui refusait de jouer son rôle à peine une semaine plus tard : j'avais déjà tout dilapidé. Les temps ont donc été un peu durs et je tirais souvent la langue. Sauf lors des rencontres internationales et autres tournois où tout était pris en charge.

Et puis, ô joie grandissante, ô fruit de mes résultats, j'ai appris que j'étais appelé au Pôle France, à Marcoussis, pour y suivre ma terminale. Fini Lakanal. L'été approchait, nous avons profité ensemble de nos dernières semaines à l'internat, puis nous nous sommes dit au revoir, à bientôt peut-être…

J'ai fait partie de la dernière génération à intégrer ce Pôle France, qui a disparu l'année suivante. Marcoussis, ce n'est rien d'autre que le Centre national du rugby français, situé lui aussi, et depuis 2002, en banlieue parisienne, du côté de l'Essonne… Avec quelques autres élus, nous nous sommes alors préparés pour une tournée en Afrique du Sud, à l'automne, afin de rencontrer les jeunes Springboks, les Anglais et les Italiens, tous venus comme nous aux antipodes pour se former aux joutes rugueuses si caractéristiques du rugby de l'autre hémisphère. Là encore, le séjour a été délicieux, des matches, des bringues, on jouait, on gagnait, c'était un régal.

Mais d'un côté seulement, parce que de l'autre, la saison allait se révéler assez particulière…

Je jouais toujours à Massy au moment de fêter mes dix-huit ans en novembre 2016, l'âge légal pour pouvoir faire partie d'un groupe pro : il est en effet obligatoire d'atteindre la majorité pour intégrer un effectif professionnel. Mais je jouais fort peu, et me retrouvais cantonné à un rôle de remplaçant malgré le statut de « joueur à fort potentiel » dont je disposais désormais. Sans doute n'avais-je pas la confiance de mes coaches.

Alors, au sein du Pôle France, je me suis mis à jouer au rugby à VII. C'est un jeu complètement différent dont je suis quasiment tombé amoureux, en même temps qu'une excellente école, car tout va plus vite. Trois joueurs seulement en mêlée, au moins deux en touche, des mi-temps très courtes pour un jeu qui ne s'arrête jamais. Et qui m'a permis de développer mon sens de la course, mon endurance, mon cardio… À sept, je me donnais et je donnais beaucoup. Beaucoup plus qu'à Massy en tout cas. Très vite, j'ai intégré l'équipe de France dite « Développement », une sorte d'équipe B formée avec les jeunes, et j'ai pu profiter de quelques tournois internationaux pour m'échapper de la pesanteur d'un sort qui ne me convenait guère : je n'étais pas fait pour moisir lentement à Massy sur le banc des remplaçants, je suis donc parti jouer à Dubaï, à Singapour, en Roumanie.

Je m'éclatais alors que je me morfondais dès que je revenais en région parisienne.

J'ai profité de cet itinéraire un peu en dents de scie pour passer mon bac. Sinon, quelques bonnes sensations, trop rares, beaucoup de déceptions, de frustration même. Des joueurs que j'avais côtoyés ou que je côtoyais en équipe de France jouaient déjà en pro, à Toulouse ou à Lyon. Pas moi, alors que Massy, mon propre club, n'évoluait même pas avec l'élite nationale.

Lentement, j'ai pris une première décision importante, parce que je ne comprenais pas ce qu'il m'arrivait. J'avais la sensation de m'effriter, que quelque chose me brisait lentement, mentalement et moralement, qu'il fallait que je passe à autre chose. Que je parte vers un ailleurs plus positif. Même si, au Pôle France, à quinze minutes de chez moi, je me sentais comme un poisson dans l'eau, un club m'avait déjà fait des avances, ou un appel du pied : l'Union Bordeaux-Bègles, l'UBB, le grand club girondin. Depuis que j'avais intégré le groupe des U18, les dirigeants n'avaient cessé de garder un œil sur moi.

Alors j'ai choisi de partir, de quitter la région parisienne où j'avais toujours vécu. Et je suis d'abord allé l'annoncer au coach de l'équipe réserve de Massy avec laquelle je jouais. J'ai décidé de ne rien dire à Didier Faugeron, qui était pourtant le manager général du club en même temps que l'entraîneur des trois-quarts de l'équipe de France U20... C'était un homme que je croisais donc souvent, car au sein de l'équipe nationale j'avais déjà été surclassé pour jouer avec ces mêmes U20... C'est d'ailleurs avec eux que j'allais disputer mon premier véritable Tournoi des VI Nations, avant de retourner avec ma génération dans l'équipe des U19.

Avec cette sélection, nous étions alors descendus à Bordeaux pour une double confrontation face à l'Irlande. Sans souci jusqu'à la deuxième rencontre, lors de laquelle je me suis blessé. Constat rapide et diagnostic formel : déchirure de vingt centimètres aux ischios. Impossible de rejoindre l'équipe des U20 qui devait aller disputer la Coupe du monde... Tant pis, elle se fera éliminer par l'Argentine, je me consolerais en me disant que je disputerais la prochaine, avec ceux de mon âge !

À Massy, la situation s'était en même temps un peu plus tendue avec Didier Faugeron, lorsqu'il avait appris par la bande que j'avais décidé d'aller respirer le bon air ailleurs. Nous nous étions même un peu pris la tête, entre quatre yeux. « *Tu aurais pu me le dire* », m'a-t-il reproché. « *Pour moi, tu n'étais pas mon coach.*

Mon responsable, c'est l'entraîneur de l'équipe réserve », lui avais-je rétorqué.

Il allait me le faire payer. La fin de saison régulière approchait, il restait encore six matches à jouer en Fédérale 1 et l'équipe de Massy était toujours invaincue. Elle était déjà assurée de monter en Pro D2, les coaches pouvaient donc faire tourner l'effectif. Malgré cela, je n'entrais toujours pas dans la rotation. Encore une punition sans doute, pour ne pas avoir annoncé mon départ. J'avais le sentiment d'une saison gâchée. Si j'avais pu, je serais allé à Bordeaux plus tôt.

J'avais donc choisi de partir dans le Sud-Ouest sans avoir le soutien de Massy, mais je m'en moquais, c'était ma décision. Avec, sans mentir, l'envie chevillée à l'âme de montrer que le club s'était peut-être trompé sur mon compte. Et que je prendrais ma revanche.

En attendant, j'avais quelqu'un pour négocier mon transfert vers la Gironde. Ce n'était pas si évident, il s'agissait de mon premier contrat Espoir, ce qui signifiait qu'il ne fallait rien laisser au hasard. Je n'ai jamais véritablement connu les tenants et aboutissants des discussions entre le club et mon agent, mais toujours est-il qu'un jour je suis descendu à Bordeaux avec mon père pour signer le précieux document.

Pour être franc, je n'avais rencontré personne du club alors que les tractations avaient déjà commencé. J'avais juste échangé quelques minutes au téléphone avec Raphaël Ibañez. Le manager actuel du XV de France était alors manager de l'UBB, il m'avait simplement signifié qu'il aimerait bien que je vienne à Bordeaux… Heureux en même temps que flatté, je lui avais répondu que je ne demandais pas mieux. Mais alors que tout le monde semblait d'accord, j'ai appris qu'il n'était plus manager du club et qu'il venait d'être remplacé par Jacques Brunel, qui quelques mois plus tard deviendrait le sélectionneur de l'équipe de France…

Pas si grave, apparemment, le club avait toujours envie de moi.

Affirmer

Mon corps n'est pas une vitrine ni un parchemin que les moines copistes d'aujourd'hui enlumineraient à coups d'aiguille et d'encres colorées. J'ai juste quelques tatouages discrets et de petite taille, qui me rappellent qui je suis, d'où je viens et ce en quoi je crois.

J'ai ainsi fait dessiner, juste au-dessus de mon poignet gauche, une simple croix. Pour rendre hommage à Celui qui nous a créés, m'a choisi peut-être et me fait grandir depuis. Je cherchais un symbole simple et représentatif de la religion que je pratique. Le Christ, envoyé sur terre, a donné Sa vie pour nous, simples humains, afin que nous ne nous égarions pas. La route est tortueuse, et parfois dangereuse. Je le sais, le fils de Dieu a péri, cloué sur une croix, une couronne d'épines posée sur sa tête.

J'ai également deux petites étoiles, sur le biceps gauche. La première, c'est celle qui rappelle mon premier titre de champion du monde. Avec les

U20, en 2018. La seconde, je l'ai ajoutée après notre Grand Chelem de 2022. Et je ne désespère pas de m'en faire tatouer une ou quelques autres. Nous verrons.

J'ai aussi un mot, inscrit sur ma cheville droite. Un mot que je partage avec Matthieu Jalibert, frère de sang et de combat, et que nous portons tous les deux au même endroit. « Gamberge », c'est plutôt une injonction fétiche qui nous appartient. À nos yeux, gamberger, c'est réfléchir, se poser des questions, seul ou ensemble, c'est aussi, allez savoir pourquoi, un mot qui nous rappelle que la loyauté l'un envers l'autre sera indéfectible. Pourquoi sommes-nous là, où allons-nous, et comment ? Pensons-y, n'oublions jamais qui nous sommes et essayons de devenir meilleurs encore. Dans tous les domaines.

Enfin, j'ai un autre mot encré sur ma peau : « Marcavi ». « Mar » pour Marvin, « ca » pour Cameron et « vi » pour Victorine, ce qui peut se lire « Marqué à vie ». Ce tatouage, je l'ai fait faire comme les autres à Bordeaux chez Sylvain, un artiste réputé de la région. Il souligne simplement que nous sommes tous les trois issus de la même mère et du même père et que notre relation perdurera toujours, même à l'heure de notre mort. Parce que notre vie est indissociable, parce que notre sang est le même, parce que rien n'y changera.

Tous ces symboles, dessins, expressions ou mots sont en moi, encre noire sur ma peau sombre, je les cache pourtant un peu, je ne me suis jamais senti vraiment à l'aise avec l'ostentatoire.

Ils font néanmoins totalement partie de l'homme que je suis.

6

Les grands débuts

Je savais que ma vie allait changer du tout au tout, qu'au bout de quelques mois je pourrais peut-être prendre un appartement indépendant – alors qu'à Massy je logeais dans une chambre d'étudiant louée par le club –, que j'allais gagner un peu plus que les copains de mon âge, environ 2 500 euros par mois, ce qui représentait une jolie somme, une fortune même à mes yeux, même si j'aurais pu gagner le double à Montpellier qui s'était mis sur les rangs…

J'avais en effet refusé l'offre des Héraultais parce qu'au Pôle France j'avais passé toute mon année avec les copains de Bordeaux, Maxime Lamothe, Jules Gimbert, Clément Laporte, Adrien Vigne… Des amis pour la vie : parce que, dans le sport, lorsqu'on gagne des titres avec des partenaires, cela laisse des souvenirs éternels ! Je ne demandais donc qu'une chose, les retrouver et continuer à jouer avec eux, alors que je ne connaissais personne à Montpellier.

En revanche, le jour où je suis arrivé à l'UBB avec mon père, j'ai immédiatement vu et reconnu les pros à l'entraînement, Jefferson Poirot, Baptiste Serin, Clément Maynadier. J'étais encore plus impressionné que d'habitude, même si, lors des rassemblements de l'équipe de France à Marcoussis, il nous arrivait parfois de nous mesurer à eux pour les aider à se préparer pour leurs matches à venir.

Avant un match du Tournoi, je me souviens encore très bien de la semaine passée avec eux. À discuter avec tout le monde, à parler avec Yannick Bru, le coach chargé des avants du XV de France, ou avec les internationaux bordelais. C'est même à ce moment que je leur avais annoncé que j'allais quitter le Pôle, et Massy, pour venir jouer à l'UBB. J'avais ainsi noué des premiers contacts, si bien qu'à mon arrivée, lorsque je les ai revus, je n'avais nul besoin de présentations, ils m'ont accueilli comme si j'étais des leurs. J'ai également été reçu royalement par le président Laurent Marti, avant de passer les examens médicaux et les tests physiques, le tout dans la même journée, et de repartir le soir, toujours accompagné de mon père.

Mes parents étaient à la fois fiers et heureux, en même temps qu'un peu inquiets. J'avais dix-huit ans, certes, mais ils craignaient de me voir livré à moi-même. Je les ai rapidement rassurés, tant j'ai tout de suite su que tout allait bien se dérouler. Dès que je me suis installé au centre de formation avec tous mes potes, dont Matthieu Jalibert, déjà devenu mon meilleur ami, qui occupait la chambre à côté de la mienne, j'ai retrouvé tous mes acquis, les parties de rigolade pendant la préparation, les bagarres entre colocs, les lits sens dessus dessous, les matches de foot à la console. J'étais plus que rasséréné, je me disais que j'avais bien fait.

Même si, lorsque je suis arrivé en juillet, j'étais toujours un peu en convalescence à la suite de ma blessure face aux Irlandais, je m'étais préparé avec les autres, en restant prudent, puis j'avais participé aux premiers matches de présaison au sein d'un groupe où étaient mélangés les pros avec de la bouteille et les jeunes sans beaucoup d'expérience. J'avais ensuite attaqué la saison régulière avec l'équipe Espoirs, catégorie réservée aux jeunes et aussi, mais c'était la dernière année, aux pros qui revenaient de blessure. C'était une façon de les ramener plus tranquillement vers le haut niveau.

Avec les Espoirs, j'ai disputé et remporté mon premier match face à Montpellier. Je m'en souviens comme si c'était hier, nous avions une équipe incroyable, j'évoluais aux côtés de Matthieu Jalibert, Alexandre Roumat, Maxime Lamothe, Iban Etcheverry, Kitione Kamikamica, qui joue aujourd'hui avec moi au Racing, c'était fou.

Tout s'est ensuite accéléré. Après un match à Oyonnax et quelques autres à domicile devant un public nombreux, connaisseur et ravi, très vite j'allais être appelé en équipe première. J'avais déjà eu une première expérience avec eux, comme remplaçant, lors de deux rencontres de Challenge Cup, la « petite » Coupe d'Europe. En Russie d'abord. Un voyage long comme un jour sans pain, un arrêt en Moldavie, puis un changement d'avion, de la pluie, du vent, de la neige… Avant un match victorieux, une soirée inoubliable entre joueurs, la confirmation de ce que je ressentais, l'esprit de groupe, la camaraderie, les rires et quelques bières pardessus le marché. J'avais ensuite été appelé, toujours comme remplaçant potentiel, pour un deuxième match contre une équipe galloise, mais j'étais demandeur d'autre chose : mon impatience de découvrir enfin le cadre grandiose du Top 14 était quasiment palpable.

C'était en novembre, j'étais alors en repos, ou en vacances, j'en avais donc profité pour revenir en région parisienne afin de passer quelques jours chez mes parents, et je m'étais rendu à Colombes, le stade originel du Racing, pour assister à la rencontre qui devait opposer l'UBB et le XV des Hauts-de-Seine. Un match compliqué, parce que nous n'étions notamment pas très forts en conquête, qui s'est soldé par une défaite. Je m'étais ensuite rendu à la réception d'après-match, et là Jacques Brunel, le coach, était venu vers moi et m'avait lancé : « *Cameron, est-ce que tu te sens prêt ?* » J'avais répondu : « *Oui, bien sûr…* »

« *Alors, prépare-toi* », et il avait tourné les talons.

Le dimanche soir, je quittais mes parents et rentrais à Bordeaux, le lundi je reprenais l'entraînement avant un match phare contre le Stade toulousain qui devait se disputer le week-end suivant. Chaque premier entraînement de début de semaine, le coach voulait que nous nous entraînions en marchant, c'était sa volonté, mais surtout il mettait systématiquement un XV en place, qui commencerait le prochain match. J'en faisais partie, j'avais alors compris que je commencerais bien la rencontre. Mon premier match en Top 14 ! Titulaire contre le grand Toulouse ! Avec, en face de moi, Vincent Clerc qui jouait toujours, Vincent Clerc, l'ailier star de l'équipe de France, le joueur que je voyais encore à la télé quelques mois plus tôt.

« *Pas de stress* », m'ont glissé les anciens, et cela a eu l'effet inverse !

Alors que je pensais ne pas être inquiet de nature, plutôt détendu même, j'ai ressenti monter un brin de pression au fur et à mesure que le match approchait. Jusqu'au coup d'envoi. Ou presque, car juste avant, Jacques Brunel, qui aimait beaucoup me parler, avait tenté de me rassurer, m'avait répété qu'il avait confiance, que j'étais capable, que j'avais le niveau… En entrant dans le grand bain, c'est comme si tout s'évanouissait, je n'avais de toute façon plus le temps de m'interroger. Jamais je n'avais joué devant autant de monde, jamais je ne m'étais échauffé dans un tel brouhaha, dont j'ai pourtant réussi à faire abstraction. Je n'étais pas là en tant que spectateur, je voulais devenir enfin l'acteur de ma propre vie.

Le match a bien vite commencé, jusqu'au premier ballon que j'ai touché, sur une touche justement. J'étais dans l'alignement, j'ai récupéré la balle sans la faire tomber, je l'ai donnée à mon demi de mêlée… Mes doutes se sont envolés, j'ai couru, j'ai attaqué, j'ai défendu. Je me suis dit que tout se passait bien. On a fait une entame de match incroyable, elle m'a même paru si simple qu'à un instant je me suis dit : *Ah bon, ce n'est donc que ça, le Top 14 !* Lorsque l'on marque, ça saute, ça vibre, ça gueule dans le public. À la mi-temps, nous menions au score, je me sentais bien, j'avais envie d'y retourner, j'étais excité, pas fatigué.

Et puis les Toulousains sont remontés au score.

Malgré un très grand match, la victoire nous a échappé d'un rien. Ça a en tout cas été une journée fabuleuse, emplie de sensations que jamais je n'avais éprouvées. L'émotion, le bonheur, l'impression d'avoir touché un premier Graal. Ou plutôt de l'entrevoir, car je n'étais qu'au début du parcours.

Je n'ai dès lors plus quitté l'effectif professionnel. J'avais goûté au bonheur, je ne pouvais déjà plus m'en passer.

Suivirent des rencontres dont l'intensité m'a galvanisé. Comme contre La Rochelle, chez nous, un gros match comme toujours, avec la victoire au bout. J'avais pris mon envol, je me sentais bien, j'avais enchaîné comme titulaire… Ou face au Stade français, à Paris, le dernier match de Jacques Brunel à Bordeaux avant que l'homme qui m'avait lancé sans crainte parte prendre le poste de sélectionneur de l'équipe de France…

Ça a été pour moi un vrai retour vers la capitale, pour jouer contre des amis, ce qui se révèle toujours compliqué. Il s'agissait de mon premier match de haut niveau contre des joueurs que je connaissais personnellement, Sekou Macalou, Jonathan Danty, aujourd'hui à La Rochelle, qui allait me chambrer sans détour avant même le début de la rencontre : « *C'est pas parce que tu es le frère de Marvin que je ne vais rien te faire…* » « *Cameron, attention, je trouve que tu fais un peu le beau, tu n'as pas joué tant de matches que ça…* » Pas méchant, mais légèrement déstabilisant…

On a perdu face au Stade français. Après la rencontre, le chambrage a continué, c'est classique entre gens qui s'estiment et s'admirent, puis les félicitations se sont succédé autour d'une bière.

J'ai fini la saison avec vingt matches en pro, remplaçant seulement quatre fois, un bilan plus qu'honorable.

*

* *

On n'a pas tous les jours vingt ans, dit la chanson. Je vais m'en persuader et saisir toutes les occasions avant de souffler mes bougies. Je participe ainsi au Tournoi des VI Nations réservé aux jeunes de mon âge, que nous remportons malgré une défaite contre l'Angleterre, et grâce à une dernière victoire face au pays de Galles. Je suis champion d'Europe. Quelques mois plus tard, je suis prêt à disputer une tout autre épreuve, la Coupe du monde U20, avec une bande de copains de mon âge…

Personne alors, ni la presse ni les supporters, n'évoque une « génération dorée », cela viendra un peu plus tard alors que, du 30 mai au 17 juin 2018, chez nous, à Béziers, à Perpignan et à Narbonne, nous remportons tous nos matches, dans une furie et un élan collectifs que rien ne pouvait arrêter. Même si nos débuts ont été un peu claudicants.

Tout avait commencé par une victoire compliquée face aux Irlandais, dans l'enceinte perpignanaise du stade Aimé-Giral. Très difficile même, puisqu'on n'avait gagné que de deux points à l'issue d'un contre que j'avais fait en touche alors que nos adversaires étaient à cinq mètres de notre ligne. Chaleur, crampes, douleurs, mais victoire… Mêmes sensations lors du deuxième match à Béziers contre la Géorgie :

nous avons mal joué tant nous peinions à nous trouver, mais nous avons fini par l'emporter péniblement face à un adversaire de peu de renom, 24-12.

Il fallait absolument réagir… Le lendemain, toute l'équipe, sans le staff, s'est retrouvée sur la plage de Leucate, histoire de tirer la sonnette d'alarme, de comprendre pourquoi nous étions si laborieux et ne parvenions pas à développer le jeu que nous ambitionnions de produire. Les leaders s'étaient exprimés à tour de rôle : Romain Ntamack, Daniel Brennan, Antonin Berruyer et moi avons pris la parole en essayant de poser les bonnes questions. Chacun pouvait réagir, le débat était ouvert et des discussions franches ont soudé le groupe. Il fallait de toute façon se ressaisir, d'autant que notre troisième adversaire n'était autre que l'Afrique du Sud, un premier gros morceau.

Je pensais qu'il serait difficile de retrouver de la confiance, mais ça a été comme un miracle. Conquérants devant, exceptionnels et sereins derrière… Notre dernier match de poule a été une formalité et nous a offert la possibilité de briller face à nos homologues Springboks, 46-29. Nous avons fini en tête de notre poule, invaincus, et avons eu la chance de poursuivre notre route avec une demi-finale incandescente face aux

Néo-Zélandais. Pour un match pas forcément stressant, car aux yeux de tous les « Baby Blacks » paraissaient un peu moins bons que leurs aînés. Nous nous sommes donc préparés sans pression, et avons disputé le match attendu, âpre, tendu, qui tape fort physiquement. Un essai refusé pour nous, un score serré jusqu'à l'essai de Romain qui nous a ouvert la voie de la finale. Ça a été la folie dans les vestiaires, nous avions fait la peau aux All Blacks de moins de vingt ans et les avions étrillés comme jamais nous n'aurions pu l'imaginer. 16-7 : le 12 juin, à Perpignan, nous nous sommes qualifiés pour la finale de la Coupe du monde U20, où nous allions devoir défier les Anglais, nos irréductibles adversaires. C'était une première pour le rugby français qui n'était encore jamais parvenu à l'étape ultime.

Un stade de la Méditerranée en fusion, à guichets fermés, plus impressionnant que ce que j'avais pu connaître jusque-là, même avec l'UBB en Top 14. Un match étouffant, une partie de feu et de fer. J'ai eu la chance de marquer le premier essai, alors que nous menions déjà 6-3. Une poussée de Demba Bamba, un relais d'Arthur Coville, notre capitaine et demi de mêlée, suivi d'une passe parfaite de Maxime Marty, j'ai résisté à deux Anglais qui voulaient me pousser en touche et j'ai marqué en coin.

L'arbitre pouvait bien demander la vidéo, je savais que j'avais bel et bien aplati dans l'en-but sans mettre le pied en touche. L'essai a été accordé, je pouvais lever les yeux pour remercier le ciel et Celui qui veillait toujours sur moi.

Nous l'avons finalement emporté 33-25. Le tour d'honneur, les pleurs, la communion avec le public, j'ai ainsi connu ma première émotion rugbystique monumentale.

Nous étions déjà champions d'Europe, nous voilà champions du monde, après cette victoire triomphale. C'était la saison parfaite, une succession d'expériences uniques que j'emmagasinais avec une gourmandise sans nom. Nous n'étions plus qu'une bande de potes unis à jamais, nous sommes restés longtemps ensemble comme si plus rien ne pouvait nous séparer.

Le bouleversement était à venir, nous n'étions alors que cinq à évoluer déjà au plus haut niveau : Romain Ntamack, Arthur Coville, Pierre-Louis Barassi, Clément Laporte et moi. Tous les autres, Jordan Joseph, Ibrahim Diallo… n'allaient pas tarder à nous rejoindre. Certains sont encore là, avec moi, en équipe de France.

Pour nous tous, ce titre planétaire arrivait dans un alignement parfait. J'avais confirmé de mon côté qu'à Massy on avait peut-être eu tort de ne pas me donner ma chance. Je pouvais savourer mon bonheur et le choix que j'avais fait. Je ne suis pas sûr que j'aurais autant joué si j'étais resté en région parisienne, même au Stade français ou au Racing. Perdu au milieu de stars, je serais peut-être resté inconnu. Tandis que là…

Partager

Je me souviens que, très vite, j'ai cherché à marquer des essais. J'étais plus grand, j'allais plus vite, je me jouais de mes adversaires et il m'était alors facile d'aller aplatir le ballon de l'autre côté de la ligne. Je me prenais pour une star, ou pour quelqu'un qui n'était pas moi, je voulais le montrer, épater celles et ceux qui me regardaient, j'étais heureux d'être au-dessus des autres, seulement je me trompais de combat : je ne pensais qu'à moi-même.

Progressivement, en même temps que je réfléchissais à ce que je voulais faire de ma vie, j'ai appris à donner, à offrir aux autres plutôt qu'à briller individuellement. Le sport collectif n'est rien d'autre qu'une symphonie de corps en mouvement qui tous ne recherchent que l'harmonie. Et dans ces mouvements de musique parfois rugueux, je le concède, je préfère aujourd'hui jouer plutôt dans l'ombre. Les hommes de l'avant, les huit qui forment la mêlée et s'alignent lors des touches, nous sommes des travailleurs de l'ombre, repartant sans cesse au combat, encaissant les coups avec humilité, les donnant aussi parfois avec un peu plus de vigueur, nous sommes les héritiers d'un monde de sueur et d'abnégation. Bien sûr, parfois nous crevons l'écran et suscitons des « Ah ! » de plaisir chez ceux qui nous suivent depuis les tribunes. Une belle prise de main en touche, un énorme plaquage, une course qui brise le rideau adverse, un essai marqué en force… Mais notre mission est autre, elle est au service des chevau-légers, des arrières qui courent vite, feintent bien et scorent souvent. Bien sûr, nous aussi avons appris à soigner notre façon de faire vivre cette étrange sphère ovale. Mais il ne s'agit souvent que de transmission.

Au rugby, on dit souvent que la passe est une offrande. C'est probablement vrai, mais c'est bien plus que cela. À mes yeux, c'est un geste presque religieux, une évidence biblique, un don de l'un à l'autre pour que ce dernier poursuive l'œuvre que l'on cherche à construire ensemble. Même s'il n'est jamais facile de donner à l'autre ce que l'on aimerait garder pour soi. Je le sais parce que le paradis à atteindre n'a pas de prix. Sauf celui que l'on accorde au partage et à la victoire.

7

Petite valse bordelaise

La saison suivante devait me permettre de confirmer ce que j'avais engagé. Matthieu Jalibert, mon double, mon frère, était déjà en équipe de France, je rêvais de l'y rejoindre. Il me faudra patienter, et continuer à convaincre, à Bordeaux-Bègles comme ailleurs. Mon statut n'avait pas encore changé, j'étais toujours un jeune prometteur. En revenant de vacances, un peu moins en forme, pas vraiment entraîné, je m'étais un peu fait reprendre de volée par notre nouveau manager anglais, Rory Teague : aux tests physiques, mes résultats ne me plaçaient pas parmi les meilleurs. J'avais également pris du poids et avais un peu de mal à suivre la préparation. Je me souviens notamment d'avoir dû courir dans le sable de la fameuse dune du Pilat, près d'Arcachon, où je n'ai pas pu suivre mes partenaires puis ai été contraint de stopper mon effort…

Il n'était donc pas anormal que je dispute peu de matches lors du début de saison, ce moment précieux où chaque entraîneur affine ses préférences et définit son XV de base. Ceux qui jouaient à mon poste de troisième ligne montraient de belles dispositions, en tout cas meilleures que les miennes !

En rugby comme ailleurs, tout peut aller très vite, qu'il s'agisse d'atteindre les sommets comme de redescendre dans la vallée. Je ne jouais donc pas et, comme toujours, je ne supportais pas d'être remplaçant. Je doutais, pire, je me sentais touché dans mon amour-propre, comme si mon orgueil se voyait bafoué par des décisions que je faisais mine de ne pas comprendre. Pourquoi lui, ou lui, et pas moi ?

J'avais presque envie de laisser tomber… Une baisse de moral qui m'arrive régulièrement quand tout va mal. Je voulais quitter Bordeaux, partir loin. Personne ne comprenait pourquoi je n'avançais plus… D'autant qu'au club c'était un peu le grand foutoir, on changeait de managers comme un cadre change de chemise. Rory Teague a été viré, puis remplacé par Joe Worsley qui ne semblait pas plus compter sur moi que son prédécesseur. J'étais perdu, sans vraiment savoir pourquoi, je ne figurais toujours pas sur les feuilles de match.

Je suis soumis à des variations d'humeur, comme si j'avais deux faces. Lorsque tout va bien, rien ne m'atteint, mais qu'un élément perturbant, et souvent négatif, m'atteigne et là, tout peut tourner à l'aigre. Je vais lâcher, plus ou moins consciemment, je ne vais plus faire d'efforts, je vais me renfrogner, renvoyer une image de moi qui pourtant ne me plaît guère : ma nature nonchalante reprend le dessus, les coaches le voient dans ma façon de marcher, de courir, ils comprennent évidemment que j'agis ainsi parce que je suis vexé, frustré voire aigri de ne pas jouer. J'aimerais changer cet état de fait qui s'empare encore de moi aujourd'hui, mais ce n'est pas facile. Même si je connais la source de mes tourments.

Je vais quand même disputer une grosse vingtaine de matches avec l'UBB, mais pas d'équipe de France… Je trouvais mon bilan maigrelet. Si maigrelet que je broyais du noir en rentrant chez moi. J'avais envie de tout envoyer paître, tout m'agaçait. Une nouvelle fois, je m'en étais ouvert à mon père qui m'avait répondu simplement : « *Cameron, tu n'as que dix-neuf ans, il faut que tu continues.* » La saison s'était terminée en mai 2019 dans la douleur, la frustration, la calamité. Lors du dernier match de la saison régulière, à La Rochelle, nous avions encaissé quatre-vingt-un points… Un match interminable. Coup d'envoi pour nous, essai rochelais, coup d'envoi, essai, coup d'envoi, essai… Je me souviens du retour jusqu'au bus qui devait nous ramener à Bordeaux. Sur le pare-brise, des supporters avaient glissé un papier sous l'essuie-glace : « Bonnes vacances, les sans-couilles. »

Une grande lessive a alors eu lieu pendant les congés d'été. Christophe Urios est arrivé, manager grande gueule et respecté pour ce qu'il avait fait avec des équipes comme Oyonnax ou Castres, les menant vers d'inattendus sommets. J'étais content, j'avais besoin de renouveau.

En attendant la reprise, j'entendais décompresser, je suis donc parti à Dubaï avec mon frère et des amis, cela m'a fait un bien fou… L'été précédent m'avait servi de leçon, j'ai repris mes esprits, suivi tranquillement à la télévision la Coupe du monde 2019 et le parcours des Bleus éliminés précocement par le pays de Galles en quart de finale. Reposé mentalement, je suis aussi revenu en forme car je m'entraînais tous les jours dans la salle de sport de l'hôtel où nous logions ; en rentrant, j'ai donc fait la connaissance d'un homme, Christophe Urios, qui allait compter dans mon parcours professionnel. Parce qu'il allait faire de moi, peut-être plus que tous les autres entraîneurs que j'ai côtoyés, le joueur que je suis aujourd'hui.

J'ai très vite compris l'objectif premier de Christophe : créer un groupe, une identité, et c'est ce qui faisait sa force. Pour cela, il usait de méthodes qu'il avait déjà éprouvées dans ses clubs précédents. Une préparation physique intense, mais que l'on effectuait ensemble, entrecoupée de phases de jeu pour ne pas perdre notre lien avec le ballon ovale, de moments ludiques pour bien intégrer que chacun n'est efficace que s'il a l'apport de l'autre… Pas du genre à nous faire courir comme des lapins jusqu'à extinction de nos forces.

C'est lui qui m'a fait découvrir ce qu'il appelait les « Bacchus ». Le temps d'un week-end, l'équipe se retrouvait dans un lieu différent, un château, un domaine, en ville, à la campagne. On formait alors trois ou quatre groupes qui s'affrontaient dans des épreuves qui n'avaient pas grand-chose à voir avec le rugby. Comme au Cap-Ferret, au bout du bassin d'Arcachon, où nous devions par exemple courir en portant de lourdes poches d'huîtres. Tout était chronométré et un classement était établi au fil des épreuves… Le tout se terminait par un spectacle que chaque équipe devait produire. Tout était noté selon un barème et, une fois les points additionnés, tu étais gagnant, ou pas, de ces Bacchus. Pour la cohésion d'un groupe, c'était absolument génial. Avant d'être bons sur un terrain, il fallait que les joueurs se connaissent, s'apprécient et aient passé du bon temps ensemble. Je me souviens ainsi d'une superbe chorégraphie, où mon équipe et moi étions en tutus, pour un spectacle de haute volée ; hélas, il y en a eu ce jour-là de plus créatifs que nous.

Question jeu, mon moral était reparti à la hausse, Christophe m'avait fait comprendre que j'étais un joueur important à ses yeux. Il ne me parlait pas d'équipe de France, de grands rendez-vous d'une carrière internationale, non, il me demandait juste d'être moi, Cameron Woki, troisième ligne à l'UBB. Comme il avait confiance en moi, nous avons noué une relation particulière. C'est un meneur, un chambreur avec qui il est toujours possible de rigoler, en même temps qu'un homme qu'il ne faut pas trop titiller, parce que quand quelque chose l'agace ou l'énerve, il le fait très vite comprendre.

En tout cas, je me suis retrouvé dans le grand bain, je jouais régulièrement et tout allait alors s'enchaîner. À la suite de la Coupe du monde passablement réussie par l'équipe de France, Fabien Galthié a été nommé sélectionneur national. Ma vie s'en est trouvée transformée. Car j'allais être convoqué !

J'entendais des bruits, des rumeurs, des murmures, mon nom semblait commencer à circuler. Puis un jour, un numéro que je ne connaissais pas s'est affiché sur l'écran de mon téléphone… Mû par un pressentiment, j'ai décroché : « *Bonjour, c'est Fabien, je voulais te dire que tu fais partie des quarante-deux joueurs potentiellement susceptibles de jouer parce qu'ils ont le niveau. Retrouve-nous à Nice pour préparer le Tournoi des VI Nations 2020.* »

J'étais tétanisé, je ne sais même plus si j'ai dit « Merci, monsieur » ou « Merci, Fabien ». J'ai immédiatement appelé mes parents, mon père était en folie, ma mère, fière comme jamais sans doute…

8

Bleu comme mes premiers pas

Que dire sinon cette première fierté, faire partie des meilleurs joueurs français, alors que j'avais vingt et un ans à peine. Pour mes parents, pour Marvin, pour Victorine, pour ceux de mon sang et de ma chair, j'étais le plus heureux. Au fond de moi, malgré les erreurs et les impasses, j'avais toujours eu envie de bien faire, de ne pas commettre d'impair, de ne pas douter, de ne pas stresser. Et j'étais appelé pour, peut-être, jouer en équipe de France !

C'était pour le match d'ouverture du Tournoi des VI Nations, face à l'Angleterre : un match contre les représentants de Sa Gracieuse Majesté n'est jamais tout à fait le même qu'un autre !

Nous étions cinq Bordelais à faire partie des heureux élus : Cyril Cazeaux, Jefferson Poirot,

Maxime Lucu, Matthieu Jalibert et moi-même. Nous avons pris l'avion ensemble pour Nice et notre point de rendez-vous, un luxueux hôtel sur la Promenade des Anglais, un nom qui sonnait étrangement à mes oreilles : les Anglais, une promenade. À voir…

Le stage devait durer deux semaines. Je me suis fait tout petit… Il m'a suffi d'une journée pour comprendre l'exigence et l'intensité de ce qui se déroulait au quotidien. Je n'avais jamais vu ça. Aux commandes, Fabien Galthié, évidemment, mais aussi Thibault Giroud, le responsable de la performance au sein du staff. Connecté en direct à un ordinateur, il réagissait à la seconde et au millimètre en analysant les données qu'il recevait sans interruption grâce aux capteurs que nous portions tous, en match comme lors des entraînements.

Je découvrais le fameux « ball in play », exercice d'une rare intensité pendant lequel le ballon ne s'arrêtait jamais. Dès qu'un ballon sortait de l'aire de jeu, un autre arrivait et ça repartait… sans aucun temps mort.

Avec Karim Ghezal, le coach chargé de la touche, j'ai entrevu une autre façon de travailler, avec un homme encore plus fada que moi dans ce domaine… Il me faisait travailler d'arrache-pied dans des ateliers spécifiques.

Mais, le jeudi soir de la première semaine, j'ai appris que je n'étais pas retenu pour les jours suivants et que je pouvais rentrer disputer le match du week-end avec l'UBB. Déçu, je n'en menais pas large, je n'entrevoyais pas bien la suite des événements, même si Fabien m'avait affirmé que je m'étais bien entraîné. J'étais pourtant revenu le lundi matin, nous étions toujours quarante-deux, avant un premier écrémage. Le tamis était serré, je m'entraînais comme si ma vie future en dépendait ; je ne suis pas passé au travers et ai été conservé dans l'effectif. Le jeudi suivant, Fabien Galthié a annoncé le nom des vingt-trois joueurs qui seraient sur la feuille de match face à l'Angleterre. Les numéros ont commencé à défiler : « *Numéro 1, Cyril (Baille), numéro 2, Julien (Marchand), numéro 3, Momo (Haouas)...* » Les quinze titulaires étaient prévenus. Restaient encore huit noms à découvrir, ceux des remplaçants : « *19, Boris (Palu), 20, Cameron, bravo pour cette première sélection, 21, Matthieu (Jalibert)...* » Des applaudissements ont crépité. J'allais devoir me montrer digne de la confiance que l'on m'accordait.

Le soir même, nous nous envolions pour Paris et l'hôtel habituel du XV de France, situé quasiment sous la tour Eiffel.

Le lendemain, nous nous sommes rendus au Stade de France pour ce que nous appelons « l'entraînement du capitaine », une séance courte, comme souvent, mais aussi intensive que les autres. Je suis entré dans le temple vide et silencieux, je ne l'avais connu que côté tribunes, c'était la première fois que je foulais la pelouse…

La journée du samedi m'a paru d'une longueur et d'une lenteur inhabituelles. Comme le temps semble s'étirer lorsqu'on veut en découdre !

Le coup d'envoi devait avoir lieu à 21 heures. J'étais impatient, pas vraiment stressé car je ne le suis pas souvent, écoutant les conseils de mes partenaires.

Deux heures avant le match, nous sommes montés dans le car, une escorte de motards, sirènes mugissantes, nous a ouvert la route, les abords du stade bruissaient de ce vent joyeux que seules portent les grandes occasions, nous sommes descendus devant l'entrée qui mène aux vestiaires, la musique dans les oreilles pour tenter d'échapper à l'environnement et à la pression. Ne pas être happé par la portée de l'événement, resté concentré, plus que jamais.

Dans les vestiaires, tout était déjà prêt. Je trouvais mon équipement à ma place, entre Boris et Matthieu. Lentement et toujours en silence, chacun s'est transformé en guerrier. Le maillot devenait l'armure du combat à remporter. À côté, une salle d'échauffement, des vélos, des ballons, les kinés qui étaient là pour nous aider à nous strapper. Se strapper, c'est s'entourer de bandes adhésives, autour des articulations des genoux, des coudes, des épaules, soit pour diminuer d'éventuelles douleurs, soit pour prévenir des blessures. Tous les sportifs connaissent cela…

Nous sommes ensuite allés fouler la pelouse. D'abord les joueurs du pack, et un peu plus tard l'équipe complète pour vingt à vingt-cinq minutes d'échauffement. On a fait grimper le cardio, on a gonflé les muscles, on a pris nos repères tant bien que mal, devant quatre-vingt mille personnes dont j'avais l'impression qu'elles n'avaient d'yeux que pour moi. Des larmes ont perlé lors de *La Marseillaise*, je me suis assis avec les autres remplaçants que Fabien Galthié et son staff n'avaient pas encore rebaptisés « finisseurs ».

Et je suis entré en jeu en deuxième mi-temps, à la 57e minute, alors que nous menions et que nous allions commencer le Tournoi par une victoire de prestige, 24-17… J'ai joué presque vingt-cinq minutes avec l'équipe de France. À l'issue de la rencontre, je n'étais cependant pas très content, parce que j'avais raté quelques gestes… Mes premiers avec le XV de France.

Un ballon récupéré, une passe mal assurée, une interception anglaise. Fabien m'a dit que là, j'avais peut-être joué trop vite, car ont suivi un plaquage manqué et un essai adverse. Il m'a rappelé que j'aurais pu faire un effort supplémentaire…

Vu mon match, je me suis même fait violemment critiquer sur les réseaux sociaux : « Va-t'en, tu es nul », « Tu n'as pas ta place »… Cela m'a atteint et m'a fait mal. Ce n'était qu'un début !

Je suis néanmoins resté à Marcoussis, et j'étais toujours là pour préparer la deuxième rencontre, contre l'Italie. Je n'avais plus le stress du premier match : dans le bus qui nous emmenait au stade, Baptiste Serin m'a même filmé alors que je dormais, détendu. « *Regardez comment, à Bordeaux, on prépare un match international.* » Remplaçant, j'effectuais une meilleure rentrée et jouais à nouveau une vingtaine de minutes. Pas de gaffe, pas d'erreur.

Fabien m'a dit que c'était mieux, mais il m'a annoncé que je ne jouerais pas le match suivant car le staff voulait alors tester Dylan Cretin qui, à ce moment-là, ne bénéficiait encore d'aucune sélection internationale. Je n'étais plus dans le groupe. Je suis resté à Paris où j'ai passé le week-end chez Teddy Thomas, un joueur international un peu plus âgé que moi, qui évoluait alors au Racing 92, et qui deviendra progressivement comme un grand frère pour moi. Ensemble, nous avons regardé le match perdu contre l'Écosse.

Puis je suis revenu à Marcoussis où je me suis entraîné pour préparer au mieux les titulaires et les remplaçants pour le quatrième match face au pays de Galles, avec déjà dans le cœur la saveur de mes deux premières sélections.

Ensuite, je suis rentré à Bordeaux, heureux. Tout se passait bien, nous nous préparions à une belle fin de saison avec l'UBB, puisque nous étions en tête du classement du Top 14. Mais le Covid est arrivé et la saison s'est arrêtée d'un coup : l'équipe de France n'a pas disputé son dernier match contre l'Irlande, et le Championnat de France n'est pas allé plus loin. Je me suis confiné au Cap-Ferret, un lieu dont j'étais tombé éperdument amoureux, écrin de sable, de pins et d'eau en face d'Arcachon. Le club nous avait fourni des outils, des vélos, pour nous entretenir, en espérant que le championnat reprenne. Ça n'a pas été le cas. La saison s'est arrêtée après seulement dix-sept journées. Une année de perdue, ou presque ! Avec le recul, je l'ai plutôt bien vécu. Seul, isolé, je n'ai pourtant pas cédé à l'introspection ou au repli. Au contraire, je me sentais étrangement bien, sans pouvoir, encore aujourd'hui, vraiment expliquer pourquoi. Le soleil, l'océan, le calme peut-être.

Jusqu'au retour au jeu, au cours de l'été. Le Top 14 a repris pour la saison 2020-2021, toute l'équipe en voulait, nous jouions toujours bien, nous étions à nouveau en tête en début de championnat quand s'est annoncée une compétition d'automne avec l'équipe de France. Il fallait d'abord jouer le match du Tournoi contre l'Irlande que nous n'avions pas pu disputer à cause du confinement. J'ai été à nouveau appelé mais n'ai finalement pas été inscrit sur la feuille de match. Puis entre novembre et décembre devait se dérouler une nouvelle épreuve internationale, baptisée « l'Autumn Nations Cup », censée remplacer les habituelles tournées d'automne entre les deux hémisphères, annulées elles aussi pour cause de Covid. Huit équipes, les sélections du Tournoi des VI Nations, plus les Fidji et la Géorgie qui venait remplacer le Japon, empêché par les restrictions liées à la pandémie. Trois rencontres de poule, une victoire par forfait contre les Fidji, pour cause de Covid suspecté, puis un premier succès contre l'Écosse à Murrayfield où, remplaçant, je ne suis pas entré en jeu…

Contrairement à mes états d'âme pourtant récurrents lorsque je ne jouais pas en club, être remplaçant en équipe de France me procurait un vrai sentiment de fierté : peu importe le numéro que je porte dans le dos. J'ai commencé à jouer avec le 19, j'ai joué avec le 6, avec le 7, j'ai goûté à la gloire avec le 4. Tout me plaît, je n'ai jamais eu ce dégoût qui m'inondait lorsque, à Bordeaux par exemple, je n'étais pas titulaire…

Nous avons enchaîné avec une nouvelle victoire face à l'Italie, 36-5, dans un Stade de France désert. Et cette fois, j'ai joué numéro 6, aux côtés d'Anthony Jelonch et de Sekou Macalou en troisième ligne. À l'issue d'un match assez facile, ponctué de cinq essais, nous nous sommes retrouvés qualifiés pour la finale de cette première Coupe d'automne des nations, face aux Anglais, dans leur antre de Twickenham.

Notre équipe était une formation rajeunie, presque inexpérimentée car certains cadres n'étaient pas là, mais comme je l'avais dit au micro de France Télévisions : « *Avec les Bleus, il n'y a pas d'équipe A, B ou C, nous sommes avant tout un groupe.* » Là encore, j'ai été titularisé, j'ai joué soixante minutes avant d'être remplacé par Sekou Macalou. Comme toujours face aux Anglais que j'avais trouvés un peu hautains alors que nous patientions dans le tunnel, avant de pénétrer sur la pelouse, le match a été tendu et s'est terminé sur le score de 19 partout. Il fallait jouer les prolongations. La première équipe à marquer – essai, pénalité, drop – l'emporterait. Une faute française, une pénalité réussie par Owen Farrell à la 94e minute. Le match s'est terminé, nous avons perdu. Mais nous n'étions pas mécontents, car cette rencontre nous avait beaucoup appris. Avec une équipe de jeunes feux follets, sans les cadres habituels, nous avions pu rivaliser face à une grande équipe d'Angleterre. À mes yeux, c'est devenu un premier match référence. Et peut-être aussi aux yeux du staff puisque, alors que tout se passait également extrêmement bien avec l'UBB, j'ai été rappelé pour le Tournoi des VI Nations, comme si je faisais désormais partie des meubles. Mais sur les cinq matches disputés, je n'en ai vraiment joué qu'un. Encore une fois face à l'Angleterre, encore une fois à Twickenham. J'étais remplaçant, je suis entré à la 70e minute, à la place de Dylan Cretin, et je pense encore avoir fait l'entrée la plus catastrophique de ma carrière. Lorsque j'ai foulé la pelouse, nous menions. J'ai raté trois plaquages d'affilée alors que nous devions défendre sur notre ligne. Cela s'est terminé encore plus mal quand l'Anglais Itoje a pris le ballon et aplati sur moi. Essai !

Score final : 23-20 pour l'Angleterre. J'ai eu le sentiment d'avoir fait perdre l'équipe, à cause d'un plaquage manqué. Horrible.

À l'issue de la rencontre, j'ai été débriefé par les coaches, mais je n'en avais pas besoin. J'étais passé à côté de mon match, et je le savais très bien. Pas besoin de voir ou de revoir les images de mes erreurs, je les avais vécues de l'intérieur, et c'était peut-être le plus douloureux.

C'est là que je me suis pris, vraiment, une déferlante de messages et d'insultes d'une violence inouïe, provenant de gens que je ne connaissais pas, sur mes réseaux sociaux personnels… Pas du racisme – je n'en ai jamais souffert –, de la haine à l'état pur ! J'en ai alors fait part à Teddy Thomas pour lui demander comment il faisait, lui qui était critiqué à chacun de ses matches. Une avalanche de haine se déversait systématiquement sur lui sans que personne ne comprenne pourquoi. L'anonymat est un bon moyen de hurler avec les hyènes. On peut reprocher bien des choses aux joueurs sur le terrain, des erreurs, des fautes, des failles, mais on ne peut pas, caché derrière un écran, injurier l'autre.

Teddy m'a répondu en me disant de ne pas faire attention à ce qui se disait, que tout le monde pouvait se rater, que ceux qui utilisaient leur téléphone n'avaient jamais joué au rugby et encore moins à ce niveau.

Il n'empêche, j'étais dégoûté. C'était l'avant-dernier match du Tournoi, et je n'ai pas joué le dernier. De toute façon, je n'avais qu'une envie, rentrer en club pour me recentrer sur mes objectifs initiaux, le Top 14, les phases finales, un titre peut-être. Seulement, encore une fois, le staff des Bleus avait refusé de me libérer en arguant que je faisais partie du groupe, et que l'équipe avait besoin de moi.

J'ai aussi ma fierté, j'apprécie d'entendre que l'on a confiance en moi, mais j'aurais préféré jouer plutôt que de participer aux entraînements pendant la semaine précédant la rencontre.

Je me disais aussi que ma carrière en bleu aurait été bien courte, que jamais on ne me rappellerait. Je suis rentré à Bordeaux pour finir ma première vraie saison en club, et, avec Christophe Urios, nous sommes parvenus à nous qualifier pour les barrages du Top 14. C'est la toute première qualification de l'UBB en phase finale. Un résultat marquant pour le club mais aussi pour moi qui n'avais jamais atteint un tel niveau ! Selon le règlement, les deux premiers du classement général accèdent directement aux demi-finales, les quatre suivants s'opposent en barrages et les deux vainqueurs se hissent ensuite dans le dernier carré. Le 22 juin, nous avons joué et remporté notre barrage contre Clermont, à domicile (25-16), mais avons échoué une semaine plus tard en demi-finale face à Toulouse. Nous avions déjà joué quatre fois contre eux au cours de la saison et avions perdu à chaque fois, que ce soit en Top 14 ou en Coupe d'Europe, où les Toulousains nous avaient également dominés, en demi-finale là encore.

Mais ce cinquième match a été le seul où nous étions au niveau de nos adversaires. Nous aurions même dû l'emporter ! Hélas, nous avons perdu à Lille, de trois misérables points…

J'étais en pleurs, je ne savais plus où me mettre lorsque mon téléphone s'est mis à sonner. C'était Karim Ghezal, le responsable de la touche au sein de l'équipe de France. J'ai laissé sonner, Karim m'a laissé un message et j'ai appris que le staff des Bleus avait assisté au match et j'ai compris que s'il m'appelait, c'était pour me proposer de faire partie de la tournée d'été prévue en Australie…

Je n'ai pas répondu tout de suite. Je n'avais pas envie de partir à l'autre bout du monde, je ne voulais pas revivre ce que je venais de vivre avec le XV de France lors du Tournoi, faire partie du groupe mais ne pas jouer, ou si peu. Aller dans l'hémisphère Sud pour ça, non merci. Mon téléphone a de nouveau crépité, c'étaient des connaissances qui voulaient savoir si je n'avais pas reçu un appel important. Je me suis alors décidé à rappeler Karim. Il m'a dit qu'il était désolé pour le match perdu mais que le staff comptait bien sur moi pour la tournée australienne. Au plus profond de moi, j'avais envie de répondre non merci, et en même temps, une petite voix intérieure me soufflait qu'une sélection en bleu ne se refusait pas.

Alors j'ai dit oui, pas de problème, mais nous partons quand ?

– Demain.

J'étais à Lille, nous devions rentrer à Bordeaux dans la nuit, je suis arrivé à la maison à 5 heures du matin, j'ai fait mon sac et claqué la porte. Le lendemain, nous avions prévu une petite fête de fin de saison – au revoir, bonnes vacances, adieu, à la prochaine… Cela m'ennuyait de rater ça, de ne pas pouvoir remercier et saluer ceux qui allaient quitter l'équipe, alors je suis passé rapidement au *Dog and Duck*, un pub du centre-ville où l'équipe était réunie, je n'ai pas eu le temps de voir tout le monde, la fête n'avait pas encore vraiment commencé. À midi, je sautais dans un avion.

J'ai profité du très long vol pour dormir et reprendre des forces. J'étais malgré tout heureux de retrouver des amis, Ibrahim Diallo, Sekou Macalou, et j'ai constaté qu'il n'y avait ni Toulousains ni Rochelais, empêchés de se joindre à nous pour cause de finale du championnat… Avoir perdu en demi-finale, au contraire, m'offrait une nouvelle occasion de démontrer ce que je valais aux yeux de ceux qui m'avaient à nouveau fait confiance.

Nous avons atterri à Sydney, dans un pays toujours confiné, alors nous sommes restés dans notre hôtel et étions escortés pour aller aux entraînements ou au stade, mais tout se passait bien entre nous. C'était souvent comme ça quand il n'y avait pas les cadres – les joueurs de Toulouse et de La Rochelle –, chacun avait alors un peu plus de responsabilités, moi le premier, notamment à la touche. Comme je sortais d'une demi-finale, je n'ai été que remplaçant pour le premier match que l'on a perdu à la dernière minute, à la suite d'une pénalité réussie par les Wallabies. 23-21, encore une défaite encourageante. Nous menions au score, la sirène avait retenti, il suffisait d'envoyer le ballon en touche… Dans notre sport, une fois les quatre-vingts minutes écoulées, tant que le ballon n'est pas sorti du terrain, le jeu continue. On a ainsi vu des rencontres basculer alors que le temps réglementaire était terminé. Un cafouillage, nous avions rendu la balle aux Australiens. Malgré une défense héroïque, une faute avait été sifflée contre nous. Pénalité réussie par Noah Lolesio. C'en était fini.

Nous nous sommes néanmoins rendu compte que notre équipe pouvait aller loin, qu'il nous restait encore deux matches à jouer et que tout restait possible.

Après quinze jours de confinement très durs, le deuxième test s'est mieux déroulé et nous sommes sortis victorieux de notre déplacement à Melbourne. En conquête, devant, nous avons été irréprochables, j'ai même fait une passe décisive pour Damian Penaud. Toujours au poste de troisième ligne, voulant me racheter de la défaite précédente, je pense m'être véritablement révélé aux yeux du staff. Et puis, alors qu'il ne restait que huit minutes à jouer, à cause de la blessure de Killian Geraci, et l'impossibilité de faire rentrer un autre deuxième ligne, je m'étais retrouvé à côté de Romain Taofifénua, en deuxième ligne. Parce que c'était sans doute la dernière mêlée du match, il m'a remonté comme une pendule. Pas une fois il ne s'est dit : *C'est Cameron, il ne sait pas comment faire, on va reculer…* Il était dans son match, Jonathan Danty était venu me suppléer en troisième ligne et nous les avons dominés, enfoncés, avant d'obtenir quelques minutes plus tard une dernière pénalité, transformée par Melvyn Jaminet, Monsieur 100 % de réussite ce jour-là. 28-26, la victoire était à nous. Pour l'heure, il s'agissait de l'un de mes plus beaux souvenirs en mêlée, en même temps que ma première victoire internationale en tant que deuxième ligne.

Quant au troisième et dernier match, celui qui allait nous faire perdre la tournée, battus encore une fois de justesse, j'y ai évolué comme titulaire en troisième ligne. Mes partenaires et moi avons rendu une copie très propre mais pas parfaite, même si ce jour-là j'ai marqué mon premier essai en équipe de France.

33-30 pour les Wallabies. C'était la fin du long voyage. De l'avis général, la tournée avait été très réussie, et surtout de nouveaux talents avaient émergé, Anthony Jelonch, Jonathan Danty, Melvyn Jaminet, moi, peut-être, alors qu'au départ je me demandais s'il fallait que j'accepte de partir… « *Le but était de découvrir de nouveaux joueurs, de leur faire toucher du doigt le niveau international* », dira Fabien Galthié, quand Raphaël Ibañez, le manager général de l'équipe de France, parlera d'une « *tournée des révélations* ».

De mon côté, j'ai assisté et participé à la naissance d'un groupe qui a su créer des liens forts, au-delà même d'une amitié classique. Parce que nous avions prouvé que face à l'une des grandes nations du rugby d'aujourd'hui nous pouvions rivaliser. Unis, forts, conscients que les défaites encourageantes qui nous apprenaient tant pouvaient être mises au rebut, parce que maintenant nous parvenions à ne plus subir l'affront des dernières minutes. Ni à craquer dans les ultimes instants. Un point que Fabien Galthié et son staff nous avaient fait travailler, à base de scénarios de fin de match, du genre : « *Il reste deux minutes trente de jeu avec un score à notre avantage, montrez-moi comment vous allez faire pour ne pas vous retrouver battus !* » Car cela aussi fait partie des fondamentaux de ce XV de France, rester lucide, ne pas paniquer, garder le ballon, l'envoyer en touche dès la fin du temps réglementaire et de la sonnerie qui signifie que les quatre-vingts minutes sont atteintes.

Nous sommes rentrés la tête haute. J'avais intégré le fait de ne pas être toujours titulaire, de moins jouer pour ne pas me blesser, de reposer le corps afin d'être prêt pour les grands rendez-vous… Et je constatais que mon statut avait encore évolué. Je n'étais plus le jeune champion du monde U20, j'étais désormais un joueur du XV de France, surmonté d'une tout autre auréole. La façon dont j'ai été accueilli au club, cette sorte de déférence de Christophe Urios à mon endroit, les choses qu'il m'a alors dites et qu'il ne m'avait jamais dites auparavant par rapport à mon rôle : « *Tu m'as bluffé, tu as été très performant, je t'avais rarement vu comme ça.* » Il ne semblait pas véritablement surpris, mais trouvait que mes prestations en bleu n'étaient pas du même niveau qu'avec l'UBB. J'ai été couvert d'éloges, aussi bien par lui que par les supporters que je croisais, ou par mes amis. Je possédais désormais un statut d'international qui n'avait rien à voir avec mes sélections précédentes et mes apparitions en pointillé, j'étais considéré comme un titulaire du XV de France.

J'ai donc redémarré une nouvelle saison avec Bordeaux, une nouvelle édition des Bacchus, organisée dans un domaine viticole. Cette fois, le thème en était « les super-héros » et nous disputions tous ensemble des sortes d'olympiades, à vélo, à la course, par équipe en portant sur une distance assez longue le joueur le plus lourd de son groupe. Détente, rigolade, pas de rugby, du plaisir d'être ensemble ; on fait corps, on se soude… Mais je suis parti un peu avant la fin, en vacances, car j'en ressentais le besoin. Je me suis évadé du côté de Zanzibar, suis revenu à Saint-Tropez, avant de m'envoler pour Ibiza avec Teddy Thomas. J'ai toujours aimé me retrouver sous le soleil. Au ski et à la montagne, je préfère les plages, la mer et les cocktails… Hôtel, repos, quelques activités sportives pour ne pas prendre de kilos en trop, j'ai enfin soufflé. La saison avait été bien longue après la tournée d'un mois.

Il s'agira pourtant d'une saison particulière. Ma dernière à Bordeaux, malgré mon contrat qui courait jusqu'en 2023. Avec ce nouveau statut que j'assumais, non seulement j'étais regardé, ausculté, scruté, mais je n'avais plus trop le droit à l'erreur. Une nouvelle convocation avec les Bleus est arrivée, pour la tournée d'automne durant laquelle nous devions rencontrer l'Argentine à Bordeaux, la Nouvelle-Zélande à Marseille et la Géorgie au Stade de France.

Je me suis rendu au rassemblement, pas serein mais soulagé et plus sûr de moi, car je savais que je n'allais pas passer la tournée à ne pas jouer. Le sentiment qui m'animait était bien différent. Le match contre l'Argentine représentait un moment assez particulier car j'allais me retrouver face à l'un de mes coéquipiers bordelais, Guido Petti, un bon copain, plus âgé que moi et qui m'avait beaucoup appris, que ce soit au poste de troisième ou de deuxième ligne. Nous nous attendions à un match de guerriers – ça a été le cas –, à des joueurs très agressifs – ils l'ont été et nous ont mené la vie dure… Mais j'ai remporté mon petit duel face à Guido, même si ça n'a pas été facile, 29-20.

Ça a également été mon dernier match comme troisième ligne.

Le match suivant, contre la Géorgie, a été délocalisé à Bordeaux, chez moi. Et j'étais donc titularisé en deuxième ligne. Au départ, c'était une idée de Karim Ghezal, le responsable de la touche, et de William Servat, l'entraîneur des avants. Ils avaient tous deux évoqué cette éventualité devant moi et m'y avaient amené petit à petit. De toute façon, ils n'avaient pas besoin de me convaincre, peu importait le poste, j'aurais tout accepté…

La préparation s'est faite tranquillement, j'avais compris que j'allais jouer, je travaillais mes automatismes avec mon pilier gauche et mon talonneur. Je sentais beaucoup d'attente et autant de questions sans doute. J'avais la confiance du staff, je leur affirmais que ce poste me convenait, que j'allais y trouver une forme d'équilibre avec le groupe, que je partais à la conquête d'autres sensations, d'autres gestes. Nous avons remporté le match et j'étais heureux d'avoir pu jouer à la maison. Comme si, ailleurs qu'à Paris, nous pouvions être irrigués par d'autres émotions, presque « provinciales ». Au Matmut Atlantique, le stade historique des Girondins de Bordeaux, mes proches, mes amis étaient là, et tout était réuni pour que nous, les Bordelais, réussissions un beau match. Ça a été le cas : Matthieu a marqué son premier essai international, Maxime Lucu a obtenu sa première sélection en remplaçant Antoine Dupont. Le match parfait.

Il ne nous restait plus qu'une rencontre à disputer, au Stade de France. Face aux All Blacks !

Nous allions préparer cette rencontre sérieusement, ni plus ni moins que les autres… Nous avions craint depuis le début de nous focaliser sur ce match et d'oublier que les deux précédents avaient leur importance, ça n'a pas été le cas. Mais enfin, nous sentions tous que la grosse échéance approchait.

Alors la préparation a été d'un sérieux rarement connu. Un débrief, individuel et collectif, sur la conquête, car j'avais été nommé leader de la touche en l'absence de Charles Ollivon, blessé, sur les rucks et la façon de progresser lors de ces phases de jeu, de grosses séances vidéo sur les mêlées, des éléments chiffrés et comparatifs sur les qualités et les rares défauts des Néo-Zélandais, rien n'a été laissé au hasard. J'allais me retrouver, moi, le deuxième ligne sans réelle expérience, face à Brodie Retallick, un dieu vivant. Certains pensaient sans doute que j'allais me faire dévorer. J'avais bien en tête l'importance de ce rendez-vous, mais je restais détendu, juste conscient de l'importance de l'enjeu qui se profilait…

Comme tous mes partenaires, j'ai fait mon match en essayant d'être le meilleur possible. Je me souviens que lors des mêlées, lorsque je me liais à mon deuxième ligne et que je rentrais la tête, compressée entre les cuisses du talonneur et du pilier, face à moi je voyais un autre de mes adversaires, Sam Whitelock, avec sa grosse barbe. Je me rendais compte que les Blacks ne sortaient jamais de leur match, ne serait-ce que quelques secondes. Pas un sourire, pas une tentative de déstabilisation, simplement concentrés sur eux-mêmes et sur leur système de jeu.

On leur a mis quarante points… Nous avons battu les Blacks, je suis devenu quelqu'un d'autre… Mon statut allait grimper encore : lorsque tu rentres en club après avoir dominé les All Blacks, après avoir été trois fois titulaire, tu es au plus haut mais tu as de moins en moins droit à l'erreur…

Mon attitude pouvait avoir un impact sur les autres, je ne m'en rendais pas compte. Je me prenais pour quelqu'un, sans le vouloir je traînais les pieds, mais en tant qu'international je n'aurais jamais dû. Lorsque je me rendais à l'entraînement, je n'étais que Cameron, vingt-deux balais, et rien de plus.

J'aurais dû montrer l'exemple, avoir une attitude de leader, et pas une image de branleur mal réveillé. Il aurait fallu que j'arrive le matin en pleine forme, alors que je débarquais encore assommé. J'ai toujours été comme ça, nonchalant et semblant tracter la misère du monde, je n'ai jamais changé et ne changerai probablement jamais. Cela doit être dans ma nature. Je ne fais pas exprès de traîner les pieds, de marcher doucement, de mettre dix minutes à raconter une histoire qui pourrait l'être en une seule. Je suis comme ça !

Je reviens donc, je lis la presse et je vois, encore une fois, que Christophe Urios a été bluffé par mes performances. Parce que, pour lui, je n'étais pas un deuxième ligne… Collision entre ce qu'il pense et ce que le staff de l'équipe de France imagine pour moi. Mais il était surpris et fier.

Nous avons joué le Stade français puis le Racing avant d'enchaîner sur la Coupe d'Europe. J'avais décalé des vacances pour ces matches-là, et Christophe m'a titularisé en deuxième ligne, même s'il restait persuadé que je n'étais pas fait pour cela. Je me suis retrouvé aux côtés de Louis Picamoles, un mentor, ou un maître, lui en 5, moi en 4, et j'ai réalisé deux très bons matches… En tout cas on a gagné au Stade français. Je commençais à prendre du plaisir. Ensuite, contre le Racing, on a gagné aussi. Contre mes vieux amis…

Au commencement du Tournoi des VI Nations, j'étais apaisé, détendu par mes performances à Bordeaux, j'étais dans la continuité…

S'élever

Au fil des années, je suis devenu un spécialiste de la touche, c'est un élément clé du rugby moderne. Soit parce qu'elle permet, en récupérant le ballon lancé par l'un des nôtres, souvent le talonneur, de conserver notre mainmise sur le match, soit parce qu'au contraire, si l'on s'empare du ballon lancé par l'adversaire, elle nous autorise immédiatement à contrecarrer ses plans, et surtout à s'affirmer psychologiquement.

J'aime être propulsé en l'air par mes lifters, partenaires d'immense volonté et de fortes capacités qui, en me saisissant par les cuisses, me hissent vers le ciel. Gestes mille fois répétés, combinaisons apprises sur le bout des doigts, l'instant ne dure que quelques secondes à peine, mais la sensation est unique. C'est l'effort commun, la justesse d'un instant, la perfection d'une attitude.

Mais j'aime aussi être l'homme qui soulève, le lifter à mon tour, car nous pouvons jouer les deux rôles, nous les hommes des deuxième et troisième lignes. Je deviens alors, avec un autre partenaire, celui qui, dans l'ombre, permet à l'autre de s'élever là pour capter le ballon à des hauteurs insoupçonnées. Quatre mètres, cinq peut-être.

Je n'entends pas voir de symbole partout, cela n'a guère de sens, mais la touche, d'une certaine manière, est comme un accomplissement. Une élévation au sens propre du terme.

9

À la recherche du Grand Chelem

On a préparé le premier rendez-vous contre l'Italie. Au départ, j'étais censé jouer troisième ligne. Mais Bernard Le Roux s'est blessé à quelques jours du match, le staff a alors changé d'avis et m'a aligné en numéro 4 au côté de Paul Willemse. J'étais content : tant que je jouais, peu importait le poste. Mais je n'oubliais pas que ce ne serait que mon troisième match à ce poste, et que les deux premiers n'avaient pas été simples. Je ne me suis donc pas emballé, je savais que rien n'était acquis. Dans un groupe tel que celui-ci, il faut surtout vivre l'instant présent, car tout peut basculer d'un côté comme de l'autre. Je ne voulais connaître que des moments uniques, courts et intenses, en communion avec mes coéquipiers qui, le reste du temps, étaient souvent des adversaires…

Nous avons remporté ce premier match assez facilement, et devions enchaîner sur une rencontre face à l'Irlande. Grosse pression, j'étais toujours titulaire en deuxième ligne, mais l'adversaire était d'un tout autre calibre. Certains de mes détracteurs devaient se demander si j'allais tenir face à la furia verte, souvent présentée comme la favorite de cette édition 2022. Il faut croire que j'étais sur la voie royale : le match a été d'une intensité rare, nous avons mené, nous avons été menés, nous avons repris l'avantage et sommes parvenus à le garder jusqu'au terme de la rencontre. Lorsque, à la 53e minute, j'ai cédé ma place à Thibaud Flament, j'avais le sentiment d'avoir parfaitement rempli mon rôle.

Deux matches, deux victoires. Et un déplacement à venir en Écosse, à Murrayfield. Une nouvelle titularisation et une victoire de plus, 36-17 à l'issue d'un match tout feu, tout flamme. Nous restions en lice pour un potentiel Grand Chelem. Et nous étions les seuls, toutes les autres équipes ayant perdu au moins une fois.

De notre côté, nous sentions les progrès de match en match, nous jouions selon nos idées, instillées par le staff le plus compétent, le plus pointu qu'il y ait jamais eu en équipe de France, nous contrôlions les rencontres, produisions un rugby de conquête et de domination et, surtout, nous ne perdions plus dans les dernières minutes. Comme lors de notre quatrième match, dans ce chaudron absolu qu'est le Millenium de Cardiff, face au pays de Galles. En s'approchant du stade en bus, cette impression irréelle d'avoir une haie d'honneur, de part et d'autre, tant les supporters mélangés encourageaient, applaudissaient, hurlaient. Puis, en descendant du bus, en entrant dans le tunnel qui mène aux vestiaires, plus personne alentour, une sorte de silence tout juste brisé par quelques éclats de voix. J'ai toujours un café à la main, un casque sur les oreilles parfois. Jusqu'au moment du repérage. Je suis sorti sur la pelouse, tout était rouge autour de moi, tous les spectateurs me semblaient plus proches que dans n'importe quel stade. J'en profite en général pour appeler Alizée, ma compagne. On se parle un peu, c'est une sorte de rituel dont j'ai absolument besoin. Comme ma prière d'avant-match… Alizée et moi, nous nous sommes rencontrés une première fois lors du Tournoi des VI Nations 2020. Puis nous nous sommes perdus de vue jusqu'en novembre 2021. Depuis, nous partageons une vie trépidante, elle à cause de ses nombreux défilés de haute couture ou de ses séances photo comme mannequin, moi en foulant sans cesse les terrains de France et d'ailleurs.

On a plaisanté entre nous jusqu'au retour aux vestiaires. Il restait environ une heure et demie à patienter et, pour moi, il était encore trop tôt pour entrer dans mon match. La tension allait monter, comme chaque fois, jusqu'au coup d'envoi. Comme si plus rien ne nous faisait peur, nous avons rapidement mené, avant de nous faire un peu rattraper au score (9-10 à la mi-temps). Pas le temps de se poser des questions, nous avons défendu notre camp corps et âme durant la deuxième partie du match et l'avons finalement emporté grâce à une pénalité de Melvyn Jaminet et une interception arrachée par Peato Mauvaka, notre talonneur. 9-13 : quatre matches, quatre victoires !

Ne restait qu'une rencontre, « la » rencontre face aux Anglais au Stade de France. Trois essais, deux transformations et deux pénalités plus tard, nous remportions enfin le Tournoi, Grand Chelem à la clé, ce qui ne nous était pas arrivé depuis 2010 !

Douze ans plus tard, c'était à nous de marquer l'histoire. Ça a été tellement fort que j'en ai pleuré à la fin. J'ai toujours pas mal pleuré, mais souvent de désillusion, notamment après mes trois demi-finales perdues. Cette fois, mes larmes rejoignaient un torrent de bonheur. J'étais sur le bord du terrain avec Antoine Dupont, Julien Marchand et Cyril Baille, et nous n'en croyions pas nos yeux. Lorsque nous avons soulevé la coupe, ça a été incroyable, comme une guerre remportée devant les nôtres… Le tour du stade, la communion avec les spectateurs, la fête qui a suivi font désormais partie de ce que je suis…

La première nuit a été énorme, en famille, avec le staff et les partenaires, mais nous n'étions pas véritablement entre nous. Le lendemain, en revanche, pour l'anniversaire de Fabien Galthié, nous avions tous reçu l'autorisation de nos clubs de rester et de ne rentrer que le lundi. Nous étions toujours à l'hôtel près de la tour Eiffel, nous sommes tous partis au restaurant, nous avons célébré comme il se doit l'anniversaire de notre coach en même temps que la victoire à laquelle il nous avait menés. Jusqu'au bout de la nuit. Ou jusqu'au début du jour.

J'ai toujours eu un côté bon vivant, comme nombre de mes partenaires. J'ai pu parfois finir dans un état que je qualifierais de déplorable, mais j'ai toujours su faire la distinction entre la vie, la fête et la religion. Du vin, oui, il m'arrive d'en boire… Après les matches pour fêter une victoire, par exemple. En revanche, ouvrir une bouteille, même de bière, alors que je suis seul à la maison, non. Je vois dans les fêtes collectives un désir d'être ensemble et de célébrer un événement qui nous rassemble. C'est primordial pour un groupe quel qu'il soit, et pour préserver l'état d'esprit dans lequel il baigne.

Nous avions donc joyeusement communié… Puis nous étions tous rentrés chez nous, en train, un peu éreintés mais heureux. Je parlerais volontiers d'un retour à Bordeaux princier, voire royal pour Moefana, Lucu et moi. Nous n'avions pas repris l'entraînement immédiatement, tant nous avions besoin de récupérer…

Très vite, nous nous sommes aperçus, encore une fois, que notre statut avait changé. Nous étions membres à part de cette équipe. Comme d'habitude, Christophe Urios nous a félicités, déclarant publiquement qu'il était très content pour nous. Le club était toujours bien placé dans le classement du Top 14, il ne restait qu'à poursuivre le travail.

Agir ensemble

Je ne sais pas à quel âge j'ai véritablement commencé à disputer des mêlées. Entre douze et quatorze ans, je pense. Parce qu'au début on joue des mêlées simulées, sans avoir le droit de pousser. Il faut attendre que les jeunes piliers obtiennent une licence spéciale pour pouvoir donner de la jambe, du torse et renverser l'adversaire.

C'est une phase importante de la conquête, mot un peu militaire qui dit pourtant bien ce qu'il veut dire. Mais c'est une phase qui ne se conçoit que collectivement, plus encore que la touche. Les trois hommes forts de la première ligne, le talonneur et ses deux piliers, les deux deuxième ligne et les trois troisième ligne qui, derrière, vont pousser. On n'avance et ne conquiert qu'à huit ; tout seul, on n'est rien. Il faut former un tout, ou plutôt un bloc, être ensemble. En rugby comme dans la vie, comme dans une entreprise ou comme dans une pratique religieuse, cela se travaille.

De la musculation bien sûr, pour la puissance des jambes, pour le gainage du torse, mais plus que cela, de la réflexion, de l'échange… Jusqu'au moment où, liés comme dans un pacte charnel, huit hommes ne vont faire qu'un, chacun va contracter tout son corps, comme un départ de sprint où l'on doit tout donner. L'impact est important, jusqu'au résultat, attendu ou non : lorsqu'on prend l'ascendant, lorsqu'on gagne une mêlée, qu'on roule sur l'adversaire, on est heureux, confiant… Naît une forme d'euphorie avec ses partenaires de l'avant, ou avec son partenaire en deuxième ligne.

Il y a une forme d'extase psychologique, surtout pour la première ligne, les deux piliers et le talonneur. Le talonneur, c'est le patron, le guide, la pièce maîtresse. Lors d'une mêlée, il va d'abord faire la liaison avec ses piliers. Ensuite, il va appeler les deuxième ligne – « Seconde ! » hèle-t-il. Nous entrons alors chacun entre lui et notre pilier. Les troisième ligne se débrouillent ensuite pour venir se lier à nous.

Nous sommes désormais huit, soudés pour ne faire qu'un. Je ne veux pas en faire une métaphore religieuse, mais il s'agit alors de repousser ensemble les assauts d'un diable qui entend bien nous faire la peau !

10

Frissons et tensions de fin de saison

Retour à Bordeaux donc, après le triomphe, jusqu'au dernier match important à Perpignan qui, en cas de victoire, nous aurait offert une place parmi les deux premiers du classement, et donc une accession directe aux demi-finales du Top 14, sans devoir passer par une rencontre couperet en barrage entre les quatre équipes classées de la troisième à la sixième place. Seulement ce jour-là, nous allons tous passer à côté, collectivement et individuellement : je n'ai pas été bon et je n'ai pas aidé l'équipe à se qualifier. Je suis critiqué individuellement, Matthieu Jalibert aussi, alors que nous aurions tous deux dû élever notre niveau de jeu pour permettre au club d'atteindre le premier objectif qu'il s'était fixé cette saison. Christophe Urios dira à la presse qu'il ne nous avait pas vus, Matthieu et moi, sur le terrain.

En cas de victoire, et donc de qualification pour les demi-finales, nous aurions dû rentrer directement à Bordeaux, mais si nous étions défaits, nous devions rester dormir à Perpignan. La nuit passée dans la cité catalane n'a pas été la meilleure de notre vie, et ce n'est que le lendemain, à 7 heures du matin, en consultant nos téléphones, que nous avons tous découvert la déclaration incendiaire de notre manager. Il ne nous avait pas parlé, ne nous avait rien dit… Le procédé nous a blessés, moi le premier, car Christophe avait l'habitude de me convoquer pour me dire ce qu'il pensait de mes matches. J'avais déjà essuyé des tirs violents : « *Tu as été mauvais !* », « *Tu n'as pas été à la hauteur de ce que j'espérais…* ». Mais jusqu'alors, il avait toujours su me dire les choses, me parler, me secouer. Là, ça m'a dérangé, j'aurais préféré qu'il me dise « *Cameron, pendant le match, on ne t'a pas vu…* » plutôt que de balancer sa colère dans les journaux.

La semaine suivante, nous l'avons peu vu. Christophe s'était mis le groupe à dos, mais peut-être espérait-il une réaction collective. C'est ce qui allait se produire. Il n'a pas dirigé nos entraînements, nous laissant face à nous-mêmes. Ensemble, avec Maxime Lucu, François

Trinh-Duc et Louis Picamoles à la baguette, nous avons donc préparé notre match de barrage contre le Racing…

Sans doute que Christophe Urios pensait que cela agirait comme un électrochoc. Il n'avait pas tort, la stratégie a plutôt bien fonctionné, nous nous sommes pris en main, sommes arrivés motivés et l'avons largement emporté. Au moment où mon tour est venu de marquer un essai, une fois le ballon aplati, j'ai mis le doigt sur la bouche devant les caméras parce que j'avais toujours en travers de la gorge la déclaration de Christophe.

Ce signe du doigt, je ne l'avais ni imaginé ni préparé, mais il m'a permis d'évacuer ma frustration et mon incompréhension… Je ne voulais pas pointer notre coach, tout le monde l'avait compris, ce n'était pas la peine d'en rajouter, il s'agissait juste d'une façon de lui dire : « Chut, je suis à la hauteur de ce que tu me demandes. »

Après la préparation et la victoire contre le Racing, Christophe est revenu. Mais il y avait une cassure avec le groupe. Il ne nous a pas présenté d'excuses, nous a félicités, bref et froid alors qu'il parle toujours beaucoup. J'ai essayé d'avoir une discussion avec lui, à Nice, un jour ou deux avant le match de demi-finale que nous devions disputer face à Montpellier. C'est lui qui m'a appelé, sur le terrain, on a discuté et il m'a mis à l'aise. Je n'avais jamais eu de problème avec lui, juste cette déclaration alimentée par les médias. Je lui ai rappelé qu'il avait toujours eu pour habitude de me dire les choses, et lui ai demandé pourquoi il ne l'avait pas fait cette fois. Je n'ai pas reçu de véritable explication. Même si je pense qu'il nous a cités, Matthieu et moi, parce qu'il estimait que nous étions devenus des modèles.

Lors de la demi-finale contre Montpellier, on est encore passés à côté, et nous avons perdu la rencontre. Pas de finale de Top 14 pour Bordeaux-Bègles et ses internationaux. Le lendemain, lors d'une réunion au club, j'ai eu une nouvelle discussion avec Christophe, seul à seul, on a mis les choses à plat, la saison était terminée, on réattaquerait la suivante. Pas mal de gens se demandaient si j'allais partir, et au micro de Canal+ j'avais dit : « *Je serai toujours bordelais l'année prochaine.* »

Nous nous sommes quittés en très bons termes, je me suis envolé pour Punta Cana en République dominicaine avec Alizée. Le soleil, le bien-être, l'amour, la vie quoi… J'étais en train de me prélasser sur un transat lorsque le téléphone a sonné. C'était mon agent qui m'appelait en urgence pour me dire que, comme je n'entendais pas prolonger mon contrat, le club m'ouvrait les portes pour une sortie. Je me suis senti blessé : ce que je souhaitais, c'était simplement de finir mon contrat à l'UBB !

Rien à voir avec Christophe et nos récents démêlés, même si, depuis quelque temps, j'étais partagé entre l'envie de rester à Bordeaux, une ville où je me sentais bien, et celle de plus en plus forte de rentrer à Paris, chez moi. J'en avais d'ailleurs fait part à Laurent Marti, le président de l'UBB. Il le savait donc depuis un moment, et m'avait même proposé de prolonger mon contrat d'un an supplémentaire, jusqu'en 2024.

J'avais refusé. Mon premier contrat courait jusqu'en 2023, je resterais bordelais jusque-là, après nous verrions…

Mais des rumeurs avaient commencé à circuler concernant mon départ du club. Avant même le fameux match perdu à Perpignan, lors d'un stage à Soustons, Christophe m'avait convoqué : « *Je veux te parler de ton avenir* » – chose qu'il n'avait jamais faite jusqu'alors. « *Cameron, qu'est-ce que tu veux faire ?* » Je lui avais répondu qu'à la fin de mon contrat, dans un an donc, je ne resterais sans doute pas à Bordeaux. Il m'avait alors fait comprendre qu'il voulait que je reste, qu'il avait besoin de moi, que j'étais un joueur important pour lui…

Et soudain, c'est le président du club qui a mis le feu aux poudres en laissant entendre que si je voulais partir la porte était ouverte. J'étais un peu vexé. Dans ma tête, j'allais revenir à Bordeaux après mes vacances, et je n'avais donc rien préparé pour partir.

Coups de fil, messages, discussions, j'ai même appelé Laurent Marti pour lui dire que je ne voulais pas partir, que je n'en avais pas envie. « *D'accord*, me répond-il, *pas de souci.* » J'ai raccroché, avant d'apprendre par la bande qu'en fait il ne voulait pas que je reste. J'avais une impression bizarre en bouche, comme s'il s'en foutait. C'est alors que j'ai commencé à réfléchir. Ça tournait dans mon esprit, je ne savais pas trop quoi choisir, et puis j'ai pris ma décision, j'ai rappelé Laurent Marti, je lui ai dit que j'avais tout bien pesé et que j'allais partir. Alors que j'étais toujours en vacances à Punta Cana. Et même si mon histoire avec l'UBB n'était pas terminée, j'avais disputé quatre-vingt-quinze matches et je me voyais contraint de cesser notre collaboration.

Il a fallu faire vite, c'était l'été, la saison 2022-2023 n'allait pas tarder à débuter. Face à l'inattendu, mon agent a très vite réagi. Il m'a proposé le Racing, le contact s'est noué joliment, il ne m'a fallu que quelques jours pour devenir Racingman et revenir en région parisienne.

Submergé par un flot de nostalgie immédiate, j'ai soudain compris que j'allais quitter Bordeaux. J'ai annoncé mon départ depuis mon lieu de vacances, sur le WhatsApp du club, et je me suis mis à pleurer à l'hôtel, parce que je ne comprenais pas pourquoi ça se terminait ainsi. Des messages de retour m'ont fait fondre d'émotion. Lorsque Bastien Vergnes-Taillefer m'a envoyé un « Tu m'as beaucoup appris », j'en aurais chialé. Et laisser Matthieu Jalibert, mon meilleur ami, mon double, tout seul ! J'ai terminé tant bien que mal ces vacances, alors que je devais préparer un déménagement, trouver une nouvelle maison, changer d'univers…

Je suis rentré, j'ai signé mon nouveau contrat, effectué la visite médicale, et j'ai repris l'entraînement au Racing un peu plus tard que les autres. Juste avant, je suis repassé par Bordeaux. Le club avait lui aussi repris l'entraînement, je suis venu saluer tout le monde, mais je n'ai pas vu Christophe Urios ni croisé le président. Je n'ai donc pas fait d'adieux ni d'au revoir. J'ai eu le sentiment de partir comme un voleur.

S'agenouiller

Dans le monde du rugby se côtoient toutes les façons de penser. Il y a ceux qui ne croient en rien, les athées, et je n'ai aucune raison de leur en vouloir, tout comme je comprends ceux qui imaginent que l'argent est une denrée à idolâtrer. Et puis il y a ceux, catholiques, protestants, musulmans voire bouddhistes, qui ont grandi avec une autre vision du monde et de ses croyances. J'aime beaucoup échanger avec eux, sur leur conception de la religion, sur leurs pratiques. Notamment lors des discussions que je partage avec Ibrahim Diallo, mon partenaire de chambre au Racing, avec qui nous débattons souvent sur ce qui nous unit ou ce qui nous sépare. S'inspirer des autres, de leur façon de vivre ou de rendre grâce, de leur manière si différente de vivre leur foi. Nous sommes tous en quête de la même chose, un prophète, un dieu, quelle importance ? Imaginez qu'au-dessus de nous il y a quelqu'un…

Si je ne prie que le soir, ou juste avant un match, Ibrahim, lui, s'agenouille consciencieusement cinq fois par jour, c'est une des règles fondamentales de l'islam. La première prière, Fajr, a lieu à l'aube, la deuxième, Dhuhr, lorsque l'astre qui nous éclaire est à son zénith… Viennent ensuite Asr, en milieu d'après-midi, Maghreb, lorsque le soleil se couche, et enfin Icha, qui correspond au crépuscule et à l'arrivée des ténèbres…

Lorsque nous sommes ensemble, je connais désormais les moments où il s'éclipse du groupe pour aller rendre hommage au Prophète qui l'aide à conduire sa propre vie. Récemment, alors que par inadvertance j'étais passé devant lui au moment où il priait, il a eu la gentillesse de me dire que c'était interdit, que lorsqu'un fidèle était tourné vers La Mecque, nul ne devait s'interposer entre lui et la ville sainte où repose le Prophète. Il m'a aussi expliqué qu'ils étaient bien peu nombreux, en France, ceux qui connaissaient cette règle. Depuis, je fais attention et, lorsqu'il est en train de prier son Dieu, je passe toujours derrière lui.

11

Étrange, cette saison !

Mes débuts au Racing ont été compliqués et j'arrive aujourd'hui à expliquer pourquoi… Une arrivée assez bizarre donc, à la fois content de retrouver les miens, Alizée, qui habite à Paris depuis trois ans, mais avec surtout très peu de temps pour prendre mes marques. Et je me suis soudain aperçu que Paris était une mégalopole que je ne connaissais pas : j'avais quitté Massy pour Bordeaux à dix-sept ans et je ne savais rien de la Ville Lumière, de son rythme, de sa grandeur, de ce qu'elle pouvait m'offrir. De Paris, j'ignorais tout, je n'en avais jusqu'alors saisi que des bribes, lorsque j'y montais rapidement lors de mes journées off à Bordeaux.

Il me fallait la découvrir, la comprendre, m'y adapter. De même avec le club. Mon assimilation n'avait rien de garantie, je m'en suis rendu compte depuis, parce que je ne faisais pas beaucoup d'efforts pour m'intégrer. J'avais encore Bordeaux en tête, à tel point que parfois je me demandais pourquoi j'étais là.

Beaucoup de choses à assimiler dans ma vie, la ville, le club, mon couple. Avec Alizée, nous nous sommes installés ensemble à Boulogne. Ça aussi, c'était nouveau pour moi.

Et très vite, j'ai dû constater que, la tête ailleurs, je n'étais pas bon. Trop dans le regret probablement, comme si je n'arrivais pas à tourner la page bordelaise. Tout était allé trop vite, tout s'était accéléré si brusquement… Au fond de moi, j'avais été blessé dans mon amour-propre, je ne m'étais pas senti important aux yeux des dirigeants girondins, et je ne comprenais toujours pas pourquoi ils n'avaient pas tout tenté pour me garder. Un an avant une Coupe du monde, ils auraient dû comprendre que je n'aurais souhaité qu'une chose, être le plus performant possible pour conserver ma place au sein du XV de France…

Le Racing ayant montré énormément d'intérêt pour mon profil, j'avais choisi de partir. Mais avais-je bien fait ? Malgré les conseils de Laurent Travers, mon nouveau coach, qui prendra toujours le temps de discuter avec moi, parce que c'est lui qui m'avait fait venir, qui connaissait mon potentiel, qui savait le mal que j'avais fait la saison précédente lorsque nous avions affronté son club et qui escomptait que je fasse pareil – malgré tout cela, j'ai continué à alterner le moyen et le mauvais.

Et puis je suis revenu jouer au stade Chaban-Delmas de Bordeaux, le 15 octobre, pour la septième journée de Top 14. Encore une fois, j'ai eu droit en avant-première à un déferlement de messages peu amicaux sur mes réseaux sociaux : « Tu es parti comme un voleur », « On te réserve un accueil salé »… Ça a été un match hors du temps et hors du commun : à nouveau, je n'ai pas été très bon, j'ai été hué par une partie du public. Sifflé chez moi – car je considère que Bordeaux est ma ville, je m'imagine m'y installer lorsque ma carrière sera terminée. À la fin du match, je me suis d'abord effondré, puis je me suis relevé et j'ai fait le tour du stade, seul. C'était ma façon de leur présenter mes excuses, de leur dire que je m'en voulais de ne pas leur avoir dit au revoir et merci. J'ai eu droit à quelques applaudissements au milieu des huées. J'ai pleuré, je suis retourné dans les vestiaires de mes anciens coéquipiers, j'étais heureux de les revoir, on s'est embrassés, enlacés, chambrés comme de coutume.

Et je suis reparti à Paris.

Je n'ai pas été au niveau cette saison. La seule période durant laquelle il m'a semblé retrouver mon niveau, c'est lorsque j'ai été appelé en équipe de France pour trois matches références, au cours de la tournée d'automne, où, cette fois, nous devions recevoir trois nations parmi les meilleures du monde. L'Australie d'abord, l'Afrique du Sud ensuite et le Japon pour finir. De manière simplement comptable, je pourrais me contenter de dire que nous avons rempli notre contrat, avec trois victoires ; de manière moins rationnelle, je dois avouer que l'un de ces trois matches est devenu un match charnière pour notre jeune équipe. Il s'agit du succès contre les Sud-Africains, champions du monde en titre, défaits dans une ambiance exceptionnelle au stade Vélodrome de Marseille.

Cette rencontre nous faisait un peu peur. Et ce match a été aussi tendu que nous l'avions imaginé. Les Springboks étaient venus pour faire mal, c'est l'une de leurs qualités premières, c'est même leur identité, voire leur ADN. Dans leur manière de jouer, les Sud-Africains viennent toujours pour tordre physiquement leur adversaire. Nous le savions, nous nous y attendions, nous avons pourtant été surpris par leur façon de venir au contact, d'appuyer pour faire mal. Rien à voir avec la philosophie de l'évitement, du beau jeu, ou de cette notion que l'on nous prête depuis des générations et que l'on appelle le « French Flair ».

Mais, le 12 novembre, dans une folie furieuse que je n'avais jamais connue, nous avons su leur répondre avec nos propres qualités, et avec tout ce que nous avions engrangé au cours des dernières années. J'ai quasiment disputé tout le match, avant d'être remplacé à la 77e minute. Nous avons terminé sur les rotules, mais victorieux, 30-26. Nous avons su être implacables.

Pour le reste, ma saison s'est déroulée de mal en pis, puisque je me suis blessé, en janvier, lors du match de Coupe d'Europe contre les Harlequins de Londres que je n'aurais pas dû disputer. Une blessure qui a fait vraiment mal. Des chutes, j'en fais souvent, à chaque match, à chaque entraînement, je me suis toujours relevé. Et là…

Petites blessures – fracture du scaphoïde à la main droite et arrachement osseux à la main gauche –, mais grosses conséquences. J'allais rater le Tournoi des VI Nations… Aujourd'hui, je dois avouer que j'ai eu beaucoup de mal à digérer cette sanction venue de nulle part.

12

Modes et plaisirs

Je suis allongé, il fait nuit et froid, mais sur mon toit-terrasse je ne ressens pas les morsures de l'hiver finissant. Je me suis glissé dans le jacuzzi. L'eau est à plus de 30 degrés, ses bouillonnements massent ma longue carcasse. Je regarde les étoiles et la pureté de la voûte céleste que les températures glaciales éclaircissent.

Jusqu'à présent, je me contentais de séances à l'intérieur du sauna installé dans ma salle de bains, mais maintenant que j'ai un peu moins mal, je profite à nouveau du spa en plein air. Mon esprit vaque, s'élève, retombe puis s'envole à nouveau, je me demande juste si je suis un homme comme les autres. J'aimerais croire que oui, mais je pense que non. Je n'ai pas vingt-cinq ans, j'habite un bel appartement fonctionnel et moderne à Boulogne-Billancourt, à l'ouest de Paris, je gagne très bien ma vie, je suis rugbyman professionnel… Lorsque je croise des gens, dans l'ascenseur, au parking, dans des restaurants, dans ces hôtels au confort incomparable où notre vie nous mène, je sens leurs regards, j'entends leurs remerciements, leurs « *Bravo pour ce que vous faites* », « *Bonne chance pour la prochaine Coupe du monde* »…

Je n'y suis pourtant pas encore, je suis en phase de rééducation, de remise à niveau…

Le bruit de l'eau a des vertus apaisantes, il ne faut pas que je m'endorme malgré les remous qui me fouettent doucement la peau et la quiétude de l'instant qui m'assoupit lentement. Un peignoir et je redescends à l'étage. La cuisine, le grand salon, l'écran géant, la table basse. Alizée n'est pas là ce soir… Je m'assieds à nouveau, je mets un peu de musique, souvent du rap français, je repense à ce que j'ai déjà parcouru et à ce que j'aimerais atteindre. Je n'en suis pas encore là.

Il y a quelque temps, au cours de la soirée d'anniversaire d'un jeune acteur en vogue, alors que je me questionnais sur mon avenir proche – allais-je pouvoir revenir, serais-je rappelé en équipe de France ? –, j'étais avec Gaël Fickou, partenaire et capitaine du Racing, international confirmé. Il m'a dit des choses que j'avais sans doute besoin d'entendre. Il n'y avait sans doute que lui pour le faire, parce que nous nous apprécions mutuellement et que l'amitié permet la franchise. Il en avait eu marre d'entendre des coéquipiers dire du mal de moi. De mon implication légère dans le jeu, et de ma façon de me comporter au sein du club.

Gaël m'a clairement dit que je n'avais pas fait assez d'efforts, que si j'étais bien dans ma tête et bien dans ma vie, je retrouverais très vite ma place parmi les meilleurs. J'avais besoin d'entendre ces mots. Je ne m'y attendais pas, ça m'a boosté. Une conversation ouverte : Gaël m'a recadré, pas en tant que capitaine, mais en tant qu'ami, avant les phases finales, avant de savoir si j'allais retrouver ma place au sein des Bleus pour cette Coupe du monde qui approchait.

Car oui, il avait mis le doigt sur une composante de ma vie actuelle. J'aime répondre aux invitations, à Paris plus qu'à Bordeaux tant les sollicitations et les plaisirs de la ville sont nombreux et fascinants. Cela ne changera pas, j'ai un besoin irrépressible de respirer autre chose que le rugby, j'adore assister à des premières, à des défilés, à des événements, tout en parvenant évidemment à faire la différence entre mon métier et ma vie en dehors. J'aime aussi que l'on fasse appel à moi pour représenter des marques – de vêtements, de voitures, de téléphones ou de montres.

Je suis aussi devenu un fou de mode. J'adore le dessin d'une veste, le plissé d'une robe, la forme d'un col. J'ai appris à composer avec l'élégance, à choisir mon costume, ma chemise ou mes chaussures en fonction de l'occasion. Dans ma façon de m'habiller, hors contrats signés par le club ou l'équipe nationale et qui m'obligent à porter telle marque ou tel type de vêtements, je cherche sans cesse une forme de distinction sobre et chic, en même temps qu'un soupçon de discrétion, en essayant toujours d'être habillé différemment des autres.

Parfois, il m'arrive même d'entrer simplement dans la chambre que nous avons transformée en dressing. J'y retrouve, rangée comme à la parade, ma collection de sneakers. Je dois en posséder une trentaine de paires, certaines que j'utilise régulièrement, d'autres que je ne porte que rarement. Comme pas mal de jeunes de mon âge, je suis dingue de ce type de chaussures – certains parleraient de « baskets » mais feraient erreur –, dont certaines paires, hors de prix, ne sont fabriquées qu'en nombre limité.

Je me persuade que je ne suis qu'un jeune homme qui pense être comme les autres. Pourquoi me reprocherait-on ce goût des belles choses, ou cette manière de vivre ? Pourquoi cela poserait-il problème alors que l'on ne critique jamais les sportifs fans de golf par exemple et qui passent leur temps libre sur les greens ? Par passion. Moi, ma passion, c'est la mode, ça me prend au cœur. On me l'a reproché, bien sûr… « *Cameron, concentre-toi sur le rugby, pas sur autre chose.* » Mais je le suis ! Sauf à la maison…

Investi du mieux que je peux au club, je switche facilement en rentrant chez moi. Car je ne suis pas qu'un noctambule invétéré. J'adore regarder tranquillement des séries télé, j'aime les jeux de société et je peux même passer des journées entières, voire des soirées, en famille ou avec Alizée à jouer au Scrabble, à Puissance 4 ou au Uno.

Un jeune homme comme les autres.

C'est à ce moment, alors que je me morfondais encore dans l'inaction et les séances de rééducation, que le Tournoi des VI Nations 2023 a commencé. Bien sûr, après la première victoire des Bleus contre l'Italie, je ne pouvais qu'être content des prestations de mes coéquipiers, mais j'avais tellement envie d'y être que, quelque part, je sentais poindre une forme de déception. Et cela m'a bien plus impacté que je ne l'imaginais. Alizée en a fait les frais. Je ne me suis pas rendu compte de mon attitude, je ne parlais plus à personne, je me renfermais, inquiet probablement, et de manière un peu égoïste, de la suite des événements. Ce n'était pas facile pour elle…

Au fil des matches, notamment avec l'éclosion de Thibaud Flament en deuxième ligne, j'ai en effet commencé à avoir peur pour mon avenir en bleu. Je voyais que Thibaud excellait, je notais l'engouement autour de lui, je devais l'admettre parce que j'avais connu la même chose l'année précédente. C'est la loi du sport : avant moi, c'était Bernard Le Roux qui jouait, après moi, c'était désormais Thibaud. Les blessures parfois te condamnent à l'oubli, les noms changent, seuls ceux qui disparaissent ont du mal à l'accepter.

J'ai alors passé des semaines et des mois à me faire des nœuds dans la tête, d'abord parce que je n'avais pas été très bon depuis mon début de saison au Racing, et que d'autres étaient meilleurs que moi. Ensuite parce que, progressivement, j'ai eu une peur bleue de ne pas être sélectionné pour la Coupe du monde à venir.

Malgré les échanges pendant le Tournoi, avec Karim Ghezal, Raphaël Ibañez ou Fabien Galthié qui a dit publiquement que les absents manquaient, et même si je me suis nourri de ces messages, j'ai quand même eu de sérieuses raisons de douter.

Le tournoi s'est terminé avec une victoire monstrueuse du XV de France à Twickenham. De mon côté, ma double blessure était de l'histoire ancienne et j'ai repris l'entraînement, un peu plus d'un mois et demi après l'opération. Fin mars, je suis même entré en jeu contre le Stade français. Nous avions perdu à l'aller, nous avons gagné chez eux, j'ai joué vingt minutes et j'ai retrouvé une forme de plaisir que je croyais disparu.

La saison a continué son bonhomme de chemin, je suis d'abord resté plutôt remplaçant puis j'ai eu de plus en plus de temps de jeu… Nouveau barrage face au Stade français : un match spécial, des faits de jeu, un carton rouge notamment, qui nous ont permis de prendre l'ascendant. Nos lignes arrière ont brillé, devant nous avons souffert car le pack adverse était surpuissant, mais nous avons joué en équipe et l'avons emporté. Nous voilà à nouveau en demi-finale du Top 14, à nouveau face à notre bête noire, le Stade toulousain.

Mon moral est remonté, j'ai repris goût au jeu, mais cela n'a guère duré. Comme d'habitude – et c'est encore plus frustrant car je disputais là ma troisième demi-finale de Top 14 –, il n'y a pas eu photo face à Toulouse. Malgré un bon match de ma part qui m'a quelque peu rassuré, collectivement, nous étions à des années-lumière. C'est dur. À Bordeaux, un club où rien n'est facile, accéder à une demi-finale de championnat est considéré comme un excellent résultat. Au Racing, où les enjeux sont différents, ce n'est pas suffisant…

Souffrir

Peut-on parfois parler de punition divine ? Se dire qu'il s'agit d'une épreuve envoyée par Notre-Seigneur ? Je ne crois pas, mais les deux seules fois où j'ai été sérieusement blessé, je me suis demandé pourquoi moi, pourquoi maintenant, et pour quelle raison.

Ainsi en 2017, alors que je n'allais pas tarder à quitter Massy pour signer à Bordeaux et que je m'apprêtais à disputer, en tant que joueur surclassé, la Coupe du monde U20 qui allait se dérouler en Géorgie, je me suis blessé aux ischios, face à des Irlandais toujours rugueux.

Je devais être à quinze mètres de la ligne d'en-but adverse lorsque j'ai reçu le ballon. Deux défenseurs irlandais sont montés sur moi pour me plaquer. J'ai glissé, fait un grand écart et reçu les deux colosses sur le râble. Tout a craqué, une déchirure de vingt centimètres à l'arrière de la cuisse. Rien d'autre à faire qu'attendre, cela ne s'opérait pas. C'était un château de cartes qui s'écroule. Pourquoi, pourquoi,

pourquoi ? Durant les deux mois d'inactivité, c'est la question qui a hanté mon esprit. Et bis repetita *la saison dernière alors que je venais d'arriver au Racing. Il faut croire que là-haut, quelqu'un m'envoie des messages pas vraiment subliminaux.*

C'est un match que je n'aurais pas dû jouer, j'ai dû écourter mes vacances alors que je devais m'envoler pour Dubaï. À la 60e minute, je fais une percée, avant de passer le ballon. Derrière moi, un joueur anglais que je n'avais pas vu me plaque par-derrière. Je n'avais plus le ballon, j'avais fait ma passe, mon unique réflexe a été de mettre les mains devant moi. Là encore, j'ai ressenti une douleur atroce aux deux poignets, j'ai continué en me faisant strapper et ai disputé les vingt dernières minutes.

Le soir du match, j'ai emmené ma compagne au restaurant pour son anniversaire. La douleur était si insupportable que je n'arrivais pas à m'habiller, ni même à lacer mes chaussures. Seigneur, pourquoi, pourquoi ?

Je suis alors devenu un autre, mutique, renfermé, silencieux jusque dans mes soupirs. Lorsque tout va mal, je ne suis pas de nature à parler et à exprimer ce que je ressens. Chez les chrétiens, on parle volontiers de confession, mais je n'ai jamais eu l'occasion de rencontrer un prêtre pour lui confier mes péchés, mes doutes ou mes craintes. J'imagine que je n'aurais pas grand mal à venir raconter mes malheurs à un représentant du Seigneur. On m'a parlé d'odeurs d'encens, du bois du confessionnal qui grince, de la petite fenêtre qui s'ouvre et du représentant de Dieu qui questionne et écoute, de l'absolution et des prières qu'il fallait réciter ensuite pour obtenir le pardon. Je crois qu'aujourd'hui je serais capable d'avouer les fautes que j'ai commises, les erreurs que j'ai faites, les mesquineries que j'ai envisagées. À celui qui m'écoutera, je confierai peut-être que, lorsque mes camarades ont joué le match contre l'Irlande, le seul qu'ils aient perdu lors de ce Tournoi 2023, j'étais au fond du seau. Blessé certes mais soumis à ces péchés capitaux dont j'avais appris l'existence dans ma prime jeunesse. Ils avaient pour nom orgueil, colère ou envie. Je ne savais pas comment décrire ce qui m'écartelait le moral. Silencieux devant ma télé, j'avais les larmes aux yeux…

13

Préparation !

Un jour, nous nous souviendrons que nous avons préparé, en partie, cette Coupe du monde 2023 dans un camping ! Une décision de Fabien Galthié, le sélectionneur national, et de Raphaël Ibañez, le manager général du XV de France, qui cherchent souvent à explorer de nouvelles pistes. Avant le lancement de la Coupe du monde et le match d'ouverture contre les All Blacks, le 8 septembre, surtout dans les chaleurs de ces étés de plus en plus caniculaires, nous devions passer deux mois ensemble. C'est long, deux mois. Fabien et Raphaël ont expliqué s'être inspirés d'une initiative semblable lancée par les Australiens et les Anglais lors de la Coupe du monde 2003.

Ces deux équipes, qui s'étaient retrouvées en finale, étaient parvenues à intégrer dans leur préparation, toujours très longue, les proches et les familles des joueurs pour que ceux-ci retrouvent cet équilibre humain vital.

Notre staff a donc voulu faire la même chose en réservant, pendant quinze jours, une trentaine de bungalows de bois au camping de Seignosse, dans les Landes. Chaque joueur avait le sien, il pouvait même faire venir celles et ceux dont il avait besoin, femme, copine, enfants, famille, et ainsi trouver « *une forme d'équilibre entre le lien social et familial, les proches, les protocoles de récupération indispensables pour continuer à optimiser notre préparation et évidemment les temps d'entraînement dans une atmosphère de travail* », avait argumenté Raphaël Ibañez, le manager général du XV de France.

Une première réussie, avons-nous tous trouvé. Nous avons tous apprécié le contact avec ce public un peu particulier, cette façon finalement amusante de nous ancrer dans le réel, ou plutôt dans la vie des gens, le sentiment d'être presque comme eux en même temps qu'une énergie communicative se propageait car nous avions l'impression d'être soutenus et que l'épreuve à venir représentait un immense rendez-vous attendu par beaucoup de monde.

Nous étions en contact avec le réel, les touristes, les supporters, les campeurs, nous pouvions nous retrouver avec eux à la piscine ou à la plage, il n'y a que lors des repas que nous disposions de notre espace privatisé. Sinon, nous avons vécu comme des vacanciers, ou presque. Et c'était profitable.

La journée, nous allions nous entraîner sur les installations remarquables de Capbreton, à dix minutes à peine en car. Le reste du temps, nous restions donc au camping. Le tout a duré deux semaines, à l'issue desquelles, quand même, nous avons tous ressenti le besoin de revenir à une organisation plus proche de celle que nous connaissions. La Coupe du monde approchait.

Le 25 août, nous avons quitté les Landes pour revenir chez nous, à Marcoussis, au Centre national du rugby français, à l'issue de quasiment deux longs mois de préparation et quatre matches amicaux.

Tout avait en fait commencé autour de la mi-juin. La saison terminée, j'étais descendu dans la maison du Cap-Ferret que j'avais achetée quelques mois auparavant. Là, je me morfondais un peu, tellement j'avais peur de ne pas faire partie de la première liste des quarante-deux joueurs appelés pour préparer la Coupe du monde. À tel point que lorsque Karim Ghezal m'a téléphoné pour me dire de me préparer, je n'y croyais plus. Il m'a annoncé que je faisais bien partie de la liste. Le staff m'a alors envoyé un programme à suivre pendant dix jours, j'ai suivi les instructions, en en profitant aussi pour me reposer un peu – ma saison avait été psychologiquement longue, entre ma blessure, mes craintes, mes vacances annulées…

Le mercredi 21 juin au matin, la liste des quarante-deux était publiée, mon nom y figurait bien.

Nous nous sommes ensuite tous retrouvés le dimanche 2 juillet au soir, à l'hôtel Marriott, établissement haut de gamme situé à Cap-d'Ail, à une rue du fameux stade Louis-II de Monaco.

C'est là que tout allait vraiment débuter.

Le lundi, nous avons d'abord eu droit à la petite réunion traditionnelle de début de stage, un discours de bienvenue proféré par Fabien Galthié, quelques précisions de Thibault Giroud, le préparateur physique. Les deux nous ont confirmé, mais en avaient-ils besoin, que ça allait être dur…

C'était parti pour quinze jours de boulot dans la fournaise monégasque, prélude à nos deux mois de préparation, avant que ne soit établie, fin août, la liste des trente-trois sélectionnés pour la Coupe du monde.

Cela a donc commencé comme nous nous y attendions, par une journée très dure, une entrée directe dans le grand bain, avec une grosse séance de musculation le matin, sous le grand chapiteau dressé à proximité de la piste d'athlétisme. Le staff avait fait venir les machines que nous utilisons habituellement et nous nous sommes tous mis à suer sous la grande tente blanche. Nous en sommes sortis lessivés. Nous connaissions le déroulement de ce type de journée. La collation de midi, préparée par nos diététiciens, avant de nous remettre au travail dès le début d'après-midi. Cette fois, c'était pour une grosse préparation physique, très énergique pendant trente minutes, suivie d'une autre demi-heure de rugby, les avants d'un côté, les arrières de l'autre.

Le mardi, c'était un autre rythme, plus « neuro », comme dit le staff, avec des efforts courts, des sprints, des duels à un contre un, entrecoupés de beaucoup de récupération et de repos.

J'avais besoin de me refaire une santé, et un moral.

Ont suivi une série de sessions pour lentement nous réathlétiser, nous remettre à niveau et nous amener tous au pic de notre forme pour le grand rendez-vous planétaire.

Des courses, de la muscu, de la récup', un peu de jeu l'après-midi, un contrôle strict et personnalisé de ce que chacun doit manger, dans une sorte de journée continue avant que nos efforts se terminent vers 15 h 30… Tous les matins, nous sommes pesés. Je suis à cent douze kilos, presque mon poids de forme qui se situe entre cent neuf et cent dix.

Je suis large, j'ai deux mois pour y parvenir.

Et ainsi de suite, dans la fournaise et pour des sessions de plus en plus dures… Il fallait que nos corps se réhabituent aux intensités de l'effort, sans aide d'aucune sorte, pas de compléments alimentaires, pas de médicaments, pas de régimes spéciaux. Juste nous, des exercices asphyxiants, des temps de repos, des massages prodigués par les kinés, pour des cycles de deux jours, entrecoupés systématiquement par une journée de repos.

Nous en avions besoin, nos organismes n'en pouvaient plus. Mais cela faisait partie du plan…

*

* *

J'aime ces phrases punaisées sur nos murs qui agissent comme des mantras. Des affiches qui nous rappellent nos droits et nos devoirs, dont je lis et relis les mots forts. L'une de ces affiches nous accompagne souvent dans les salles de restauration, à l'hôtel ou ailleurs. Elle est inspirée du fameux « code d'honneur du légionnaire », ces règles tacites que les soldats respecteront toujours jusqu'au bout, quitte à y laisser leur vie.

Chez nous, elle a été rebaptisée « le code d'honneur du XV de France ».

Je le connais presque par cœur : « Joueur du XV de France, je suis volontaire, représentant le nom de ma famille, notre sport et notre pays, avec honneur et ambition… Chaque joueur du groupe France est un membre de ma famille, quelles que soient mes différences avec lui… Respectueux de notre cadre de vie et de jeu, la camaraderie et le respect sont notre force, le courage et l'exigence, nos vertus… Fier d'appartenir au XV de France de rugby, je respecte mes tenues et j'adopte un comportement toujours digne mais modeste. »

Enfin : « Joueur d'élite, je m'entraîne avec rigueur. Au-delà de mes intérêts, le sens de la mission est sacré et l'abandon n'existe pas. »

En haut de l'affiche, le coq gaulois, en bas une photo d'avant-match de l'équipe, sur lequel est simplement inscrit : « Adapté du code d'honneur du légionnaire. »

Il en est une deuxième qui parle aussi le langage que j'aime et dont je m'inspire, elle est parfois affichée dans notre salle de réunion… Il s'agit de phrases simples, des slogans presque…

Elle s'intitule « Principe de la maîtrise du "je" dans mes comportements, mes buts, ma communication, mes priorités de vie ». C'est écrit en bleu avec, juste en dessous, en rouge : « Nos indicateurs d'alerte », suivis d'une liste :

« Se mettre à râler

Diminution de la rigueur

Sortie récurrente du cadre

Diminution du sens de l'autocritique

Diminution de l'investissement collectif, préservation de sa zone de confort/son confort

Se faire valoir au-delà de faire valoir le projet/la mission

Être moins focus sur le sportif et davantage sur le reste (médias, communication, etc.) »

J'aime ces phrases claires, elles me rappellent mes devoirs d'international : comme les autres, je n'ai qu'un seul but, arriver progressivement vers le grand rendez-vous de la fin de l'été.

De mon côté, je me sens de mieux en mieux, je travaille bien, je retrouve de bonnes sensations et, surtout, je foule vraiment le terrain. Le 5 août à Édimbourg, nous disputons le premier de nos quatre matches de préparation. Face à l'Écosse, le staff avait choisi d'aligner une équipe expérimentale dont je faisais partie, afin de juger certains joueurs qui n'étaient pas encore sûrs de faire partie des trente-trois appelés à disputer la Coupe du monde. Malgré la défaite (21-25), j'ai marqué un essai en force comme pour rappeler que j'étais revenu à mon niveau. Et cela m'a rassuré.

J'ai également été titularisé lors du match suivant, contre l'Écosse à nouveau, pour une rencontre cette fois victorieuse (30-27) au stade Geoffroy-Guichard de Saint-Étienne, avant d'être laissé au repos, pour notre troisième match de préparation, le 19 août contre les Fidji, qui s'est là encore terminé par un succès, 34-17. Ce qui est moins drôle, c'est que nous avons perdu deux joueurs. Romain Ntamack, notre numéro 10, notre demi d'ouverture, notre autre maître à jouer aux côtés d'Antoine Dupont. Alors qu'il venait de dégager un ballon au pied, Romain a senti une vive douleur au genou gauche. Par prudence, il a demandé à sortir. Après des examens, il nous a annoncé son forfait, victime d'une rupture du ligament croisé du genou gauche. Quant à Cyril Baille, notre pilier gauche, blessé au mollet, il allait être indisponible un bon mois.

Cela fait hélas partie de notre quotidien de joueur de rugby, nous le savons et, malgré la déception qui nous accable tous, nous devons continuer à aller de l'avant.

Deux jours plus tard, en direct sur TF1, Fabien Galthié est venu annoncer la liste des trente-trois sélectionnés. Même si je le savais, lorsqu'il a prononcé mon nom, une joie indicible m'a gagné. Mais je n'en ai pas fait état.

Il y a enfin eu un dernier point de passage face à l'Australie, au Stade de France, sans trop de dommages non plus, mais où l'on peut imaginer, parce que c'était un match de préparation, amical presque, que chaque équipe n'allait peut-être pas montrer tous ses atouts. J'avais été inscrit sur la liste des remplaçants, et je suis entré au cours de la deuxième mi-temps, en remplacement de Paul Willemse qui, malheureusement, s'est blessé lui aussi quelques jours plus tard, lors d'une séance d'entraînement individuel à Montpellier, durant la seule semaine off que nous avait octroyée le staff…

Nous étions arrivés au terme de notre programme d'avant Coupe du monde. En forme et confiants avant notre premier rendez-vous, pour le match d'ouverture contre les All Blacks au Stade de France. Installés à Rueil-

Malmaison, dans un hôtel confortable, convivial et à l'abri de la furie du temps, où nous avons nos habitudes. La grande aventure n'allait pas tarder à commencer.

14

Mise en jambes

Je ne sais pas vraiment comment l'expliquer, mais progressivement, nous sentons tous que la première échéance approche, à l'entraînement, à la distribution des chasubles qui différencient dès le début de la semaine les titulaires potentiels de ceux qui seront sur le banc ou resteront en tribunes, lors des réunions collectives avec le staff et les prises de parole. J'entends des mots que je connais mais qui viennent joliment hanter mes nuits : le groupe, la fierté, le maillot, le grand rendez-vous, le premier adversaire.

Je continue à bien dormir, le stress reste au sous-sol. Comme je partage ma chambre avec Matthieu Jalibert, lui et moi restons sereins. Discussions, séries télé, coups de téléphone, chacun plus ou moins dans son truc. La première confrontation approche, et ce n'est pas la moindre : pour le match d'ouverture, au Stade de France, nous allons retrouver les All Blacks.

Nous sommes le 8 septembre. Le réveil qui sonne, le petit déjeuner, le temps qui passe, la collation, la douche… Je suis le planning de la journée que nous connaissons presque par cœur. Il est temps de s'habiller avec le costume officiel. Un bus nous attend, nous quittons Rueil-Malmaison, en car, escortés par des motards et des voitures des forces de l'ordre.

Les vestiaires, chacun à sa place. Mais ce ne sont pas les vestiaires habituels. À la suite du tirage au sort, ce sont les Néo-Zélandais qui nous reçoivent, nous sommes donc dans les locaux dévolus aux visiteurs. J'y retrouve cependant quelques repères, nous les avions déjà occupés l'an dernier lors d'un match contre les Australiens.

Le maillot, le short, les chaussettes, se changer est une routine, s'échauffer aussi.

Pendant ce temps-là se déroule la cérémonie d'ouverture ; nous n'en verrons rien. Un dernier discours avant d'entrer sur le terrain, je l'écoute comme habité par un rêve. Puis mon casque sur les oreilles pour rester concentré, le dernier album de Tiakola, un rappeur français que j'aime bien.

Au terme de la cérémonie préparée par Jean Dujardin, nous n'avons que six ou sept minutes pour nous échauffer. Je n'ai pas besoin de plus, « ça fait quatre ans qu'on s'est bien préparés » est un refrain que nous maîtrisons tous. Puis nous pénétrons sur le terrain, l'atmosphère me paraît soudain bien différente des autres matches, c'est là que je prends vraiment conscience de l'enjeu et de l'attente.

Le début de la rencontre sera complexe, une mi-temps mitigée, mais sans que nous ne ressentions le moindre stress. La deuxième mi-temps sera meilleure, collectivement nous sommes présents face à des Blacks toujours performants, mais nous nous montrons plus forts qu'eux, et surtout mieux disciplinés. Seulement quatre pénalités vont être sifflées contre nous !

Le coup de sifflet final est une délivrance. Nous l'emportons, 27-13. Nous sommes parfaitement entrés dans la compétition, nous sommes là, et bien là.

Quelques bières aux vestiaires, un dîner tous ensemble, le discours du chef de délégation et au lit !

Le deuxième match, contre l'Uruguay, sera bizarrement plus compliqué ; je suis à nouveau titulaire, mais nous jouons de manière assez brouillonne, avec une équipe composée cette fois des remplaçants habituels, hormis trois joueurs, Yoram Moefana, Gabin Villière et moi, déjà présents lors du match d'ouverture. À Lille, face à une équipe sud-américaine volontaire, nous délivrons une pâle copie de ce que nous sommes capables de faire. Le seul point positif, c'est qu'il nous fallait trouver des solutions et que nous avons su les dénicher pour l'emporter. Victoire, 27-12, mais sensations mitigées, il nous reste encore quelques réglages à peaufiner.

De mon côté, je me sens bien, en forme, je suis là où je voulais être. J'enchaîne les matches, je retrouve enfin ce plaisir qui m'avait tant manqué durant l'hiver. L'odeur de la compétition, le goût de la victoire. Comme lors du troisième match, face à la Namibie, disputé à Marseille dans un Orange Vélodrome bouillonnant, pour lequel je suis encore aligné. Victoire très facile hormis un nouveau coup du sort : après le forfait de Romain Ntamack, c'est au tour d'Antoine Dupont, notre capitaine, de connaître les affres de la blessure. À la suite d'un choc frontal, il doit nous quitter. Le staff et les médecins réagissent vite, Antoine souffre d'une fracture au niveau du visage. Il sera rapidement opéré à Toulouse sans que l'on sache vraiment la durée de son indisponibilité. On nous laisse entendre qu'il devrait être rétabli pour le quart de finale éventuel, qui nous opposerait à l'Irlande ou aux Sud-Africains… La blessure des uns et des autres reste un impondérable, mais c'est aussi un paramètre récurrent. Nous y sommes habitués, nous sommes trente-trois joueurs, certains joueront souvent, d'autres moins, certains passeront un temps plus ou moins long à l'infirmerie, certains ne connaîtront aucun dommage… Mais si nous sommes sacrés, nous le serons tous. Il nous reste cependant à battre l'Italie, à Lyon, pour être sûrs d'obtenir notre billet pour le tour suivant.

Cela sera fait sans coup férir, malgré les avertissements des médias qui vont présenter la rencontre comme un véritable match couperet. Nous ne sommes pas aussi alarmistes, mais nous nous préparons comme s'il s'agissait d'un huitième de finale, parce qu'une défaite pourrait nous éliminer. On se dit bien que les Italiens, après avoir été corrigés 96-17 par les All Blacks, vont être revanchards. Pour être honnête, et même si cela allait sans doute être dur, nous savions que nous gagnerions.

Nous avions raison, une très large victoire, 60-7, nous qualifie pour le quart de finale. De mon côté, j'ai la sensation de jouer de plus en plus libéré, grâce à l'enchaînement des matches victorieux bien sûr, mais aussi parce que plus l'enjeu est important, plus j'en veux et plus je me sens à l'aise.

Cela tombe bien, notre prochain adversaire aurait pu être l'Irlande, la meilleure équipe du monde actuellement, mais non ! Ce seront bel et bien les Sud-Africains, les champions du monde en titre !

15

Et tout s'écroula

Il y a des semaines que l'on aimerait effacer, parce que leur terme n'est pas celui que nous attendions. Tout gommer pour tout recommencer. Oublier ce jour trop sombre où se sont effondrés nos espoirs. Le dimanche 15 octobre au soir, nous en avions terminé, bien trop prématurément, avec cette épreuve que nous rêvions de remporter et pour laquelle, depuis quatre ans, nous nous préparions.

Nous ne serons pas champions du monde. Pas cette fois. Comme chaque fois.

Tout avait pourtant bien commencé dans la préparation de ce quart de finale. Après la victoire contre l'Italie, nous avions obtenu deux jours de congé que j'avais passés au Cap-Ferret, avec Alizée. Nous nous étions ensuite tous retrouvés à notre hôtel de Rueil le lundi après-midi, heureux et convaincus de notre bonne étoile.

Il était impossible que notre quête s'arrête si tôt.

La routine semble parfois une force, alors nous n'avons pas changé grand-chose dans notre préparation. La semaine se déroulera comme d'habitude, dans notre bulle, avec toujours le même but en tête, aller au bout.

Le samedi, veille de match, tout s'est un peu animé avec les premiers quarts de finale, surtout lors de la rencontre entre l'Irlande et la Nouvelle-Zélande, deux autres favoris pour le titre. Dans la chambre de Reda Wardi, l'un de nos piliers, nous étions six à suivre ce match d'une rare intensité : Reda, donc, Jonathan Danty, Sekou Macalou, Yoram Moefana, Sipili Falatea et moi.

À la fin, après la victoire des Blacks, nous nous sommes dit que c'était à notre tour, qu'on allait faire comme eux. Il n'y avait pas d'autre issue possible.

Ma fin de soirée a été calme. Avec Matthieu, nous n'avons pas parlé du match à venir, nous avons rigolé sans pression, puis de mon côté j'ai regardé le documentaire de Canal+ sur Victor Wembanyama, la nouvelle star du basket français, qui est en train de faire ses premiers pas en NBA. Avant de m'endormir.

Je me suis réveillé tard, vers 11 heures, je suis resté un peu au lit avant de descendre, quinze minutes avant le déjeuner. Là, avec les avants, nous avons fait des répétitions de touches en marchant, à l'intérieur de l'hôtel, encore une forme de routine. Et puis nous sommes passés à table. Menu classique, purée, poulet, crudités, tous à la même enseigne – depuis que la Coupe du monde a commencé, la personnalisation des repas a disparu.

Une dernière sieste jusqu'à 17 heures. Avec Matthieu, nous suivons d'un œil distrait la victoire des Anglais face aux Fidjiens, puis, alors que la rencontre se termine, nous commençons à nous préparer. Dans mon sac, je glisse juste mes crampons, mon protège-dents et ma trousse de toilette : l'équipement nous attend aux vestiaires. Le temps d'enfiler le costume officiel et nous descendons pour la causerie du sélectionneur. Fabien va parler avec le cœur, il est plein d'entrain, plein d'envie, comme nous tous.

Le bus, l'escorte, les abords du Stade de France, les supporters qui continuent à arriver par vagues. Puis les vestiaires, shorts, chaussettes, maillots à leur place ; se mettre en tenue pour l'échauffement. Une seule session. Du monde déjà dans les tribunes, ma famille est là, ma mère, mon père, Marvin et Victorine, Alizée et son père. Je les vois, mais je ne m'approche pas ; à cet instant, je préfère ne parler à personne.

Retour aux vestiaires, pour se changer et revêtir la tenue du match ; je me strappe, casque sur les oreilles, j'écoute une playlist aléatoire, dans laquelle il n'y a pas que du rap.

Sur les quatre écrans au centre des vestiaires, la feuille de route et les horaires à tenir. Vient l'ultime préparation, faire monter le cardio, chauffer les muscles, les derniers discours avant le grand rendez-vous. Antoine Dupont, remis de sa blessure, et Gaël Fickou, le vice-capitaine, nous martèlent l'enjeu avec un surcroît d'émotion lorsqu'ils nous rappellent qu'il est impossible que ce soit la dernière sélection d'Uini Atonio et de Romain Taofifénua, qui arrêteront leur carrière internationale lorsque se terminera la Coupe du monde. Pour nous, et pour eux, il n'est pas question de tout stopper, il nous reste encore des combats à mener.

Tandis que nous avançons dans le couloir qui mène à l'arène, je sens beaucoup d'excitation, de motivation. Je ne fais pas attention à nos adversaires, de toute façon, je ne les regarde jamais, quels qu'ils soient.

S'aligner ensuite pour *La Marseillaise*. Je suis tellement dans mon match que je me souviens de Thibaud Flament, mon partenaire de deuxième ligne, d'un côté, mais je ne sais plus qui était de l'autre côté. Le match commence. Le niveau est élevé, chaque équipe rendant coup pour coup. Les essais se succèdent à une vitesse rare pour un match de ce niveau, trois de chaque côté. Nous faisons la course en tête et rejoignons les vestiaires à la mi-temps avec trois points d'avance. 22-19.

À tour de rôle, les coaches prennent la parole, chacun appuie sur sa spécificité, Karim Ghezal évoque les touches, William Servat parle de la conquête, Laurent Labit revient sur le travail des trois-quarts, Shaun Edwards pointe l'importance de la défense, et chacun met l'accent sur les choses à améliorer, à corriger, à poursuivre. Puis Fabien termine par quelques mots.

Tout le monde est confiant.

Le match reprendra de plus belle, dur du début jusqu'à la fin. Jusqu'à ce que les Springboks passent en tête. Mais même à partir de ce moment, nous ne nous sommes jamais dit que nous allions perdre. Peu importaient l'intensité, les contacts, les gestes manqués, les ballons récupérés, jusqu'aux dernières minutes où nous avons la possession du jeu. 28-29, nous n'avons qu'un point de retard, le ballon est entre nos mains. Tout restait possible.

Le temps qui s'égrène, les ultimes espoirs qui s'enfuient, le coup de sifflet comme un glas. Notre heure avait sans doute sonné, nous étions condamnés. Une sorte de peine capitale pour chacun d'entre nous, soudain sans réaction face à nos ambitions collectives et personnelles. Anéantis.

Il me faut quelques secondes pour comprendre que tout est fini. Comme si le toit du stade nous tombait sur la tête. Comment, c'est terminé ? L'ambiance baisse soudain d'un ton, comme une chute de tension électrique. Tous ensemble, interloqués, nous entreprenons un tour d'honneur pour remercier ceux qui sont toujours derrière nous, et leur demander de nous pardonner pour ne pas avoir répondu à leurs attentes. Nous sommes ovationnés, mais ce n'est pas tout à fait ce à quoi nous nous étions préparés. Notre parcours s'arrête là, comme il y a quatre ans, comme il y a huit ans.

Je suis ensuite allé rejoindre ma famille, au bas de la tribune réservée aux proches des joueurs. Ma mère et moi avons mélangé nos larmes, mon père m'a encouragé en me disant qu'il fallait que je continue à me battre. Alizée, toujours présente et qui compte tant pour moi, m'a réconforté en me rappelant que j'étais revenu de loin, qu'il fallait que je sois fier. Puis j'ai embrassé

Victorine, devenue au fil des années ma plus fervente supportrice, et Marvin à qui je dois d'être ici… Tous étaient aussi abattus que moi.

Le retour aux vestiaires s'est fait dans un silence mortuaire ; dans le bus qui nous ramenait à l'hôtel, on aurait entendu voler un moucheron. À l'hôtel, chacun a mangé, même ceux qui n'avaient pas faim, comme s'il s'agissait d'un geste mécanique.

Je suis monté dans ma chambre mais je n'ai pas pu dormir. J'ai regardé le match deux fois de suite, sur mon téléphone, et une autre fois le lendemain. Je sais que les erreurs individuelles ne sont rien d'autre que des faits de jeu, mais ce n'est jamais agréable de les revoir, je l'avoue. Comme ce geste manqué en première mi-temps, sur une chandelle sud-africaine, le ballon qui m'échappe, avec un essai de nos adversaires à suivre…

Le lundi matin, j'ai fait mes valises, je suis rentré chez moi, à Boulogne. À midi, nous nous sommes tous retrouvés une dernière fois pour déjeuner dans un restaurant à Paris. Des pleurs, encore et toujours, des au revoir qui ne sonnaient pas comme des adieux mais presque. À cet instant, je n'avais plus envie de rien.

À cet instant, seulement.

Espérer toujours

Ce n'est pas un chant, c'est un psaume, une prière, une supplique. Lorsque je l'entends monter des tribunes, je sais que, derrière nous, un peuple nous pousse et nous encourage. Lorsque je la chante, avant chaque coup d'envoi, j'ai des frissons, pas seulement à cause des paroles qu'ont prononcées des millions de personnes dans des milliers de cas différents – soldats en campagne, révolutionnaires en transe, innocents condamnés à la peine capitale ou fusillés par des troupes ennemies –, mais parce que La Marseillaise *est aujourd'hui un message de paix. Je l'entonne comme j'entonnais les chants de ces messes qui me rendaient heureux parce que derrière se cachait une volonté de bonheur, de réussite, de plaisir peut-être aussi.*

Je ne l'ai pourtant pas chantée le 28 octobre, jour de cette finale que nous espérions tous. Je n'ai pas pu, les bras serrés autour de mes partenaires, hurler en chœur avec le pays de France que le jour de gloire était arrivé. Parce qu'il nous l'était promis.

Je ne suis pas champion du monde, ni aucun de mes trente-deux pairs.

Nous étions tous unis pour un même but, dans une même volonté collective, mais nous ne sommes pas parvenus à atteindre ce Graal qui nous fuit depuis la première édition planétaire disputée en 1987.

Vouloir enluminer une nouvelle page du grand recueil du rugby français était une noble mission, les Sud-Africains nous ont empêchés de l'accomplir, dès le quart de finale.

Il en faut plus pour saper mon moral. Rester abattu n'est pas dans mes habitudes. Je n'ai que vingt-cinq ans. Malgré la déception, je demeure persuadé qu'il me reste encore de grandes et belles choses à réaliser.

Je sais que j'y parviendrai. Je me le dois, eu égard à tous ceux qui m'ont aidé, poussé, conseillé, critiqué parfois pour faire de moi ce que je suis aujourd'hui. Je me le dois aussi pour remercier plus encore Celui qui, là-haut, veille et prend soin de moi et de mes proches.

Ma reconnaissance Lui est éternelle.

Remerciements

Parce qu'une histoire ne peut s'écrire sans un déclic originel, je tiens à remercier Chantal Kawata Woki et Antoine Woki, mes parents. L'un et l'autre ont toujours été à mes côtés.

Parce que les destins personnels ont besoin de piliers sur lesquels s'appuyer, et que mon frère et ma sœur sont eux aussi depuis si longtemps le ciment de ma structure familiale, Marvin et Victorine, je vous aime et je vous aimerai toujours.

Parce que l'amour fait parfois si bien les choses, merci à Alizée de vivre à mes côtés, de me supporter et de m'aider à devenir un homme meilleur.

Parce qu'une vie de sportif de haut niveau n'est envisageable qu'avec le soutien actif et incessant d'un agent, jamais je ne pourrai oublier ce que Caroline Thiebaut ne cesse de faire pour moi au quotidien.

Parce qu'elle me fait confiance depuis mon titre de champion du monde des moins de vingt ans, et parce qu'elle m'accompagnera jusqu'à la fin de ma carrière, je suis particulièrement reconnaissant envers la firme Adidas.

Parce qu'un livre ne s'écrit jamais sans qu'une personne de talent en soit à l'origine, que grâce soit rendue à Elsa Lafon.

Enfin, pour son soutien, son aide et ses conseils à l'écriture, merci à Rémy Fière.

Table des matières

Composition
PRESS·PROD

Imprimé en France par
CPI Brodard & Taupin
en octobre 2023

Dépôt légal : novembre 2023
N° d'impression : 3055041
ISBN : 978-2-7499-5536-0
LAF : 3414